産経NF文庫
ノンフィクション

自伝 高田純次

適当男が真面目に語った〝とんでも人生〟

高田純次

潮書房光人新社

文庫本の刊行によせて

初の本格的自伝と銘打って『高田純次のチンケな自伝』が刊行されたのは、2014年の春だった。もう6年たったかと思うと同時に、まだ6年かと思わないでもない。この間、いろんなことがあった。それらを経験して、オレも少しは成長すればいいのに、全然成長しなかった。相変わらずの適当な男です。

でも、今度の編集者は真面目な人らしく、「チンケなどという言葉は自伝にふさわしくない」と考えて、文庫本は『自伝　高田純次』という至極まともなタイトルにするそうだ。だから、オレも少しはまともな文章を書かなくてはならないと思い、6年間の空白を埋めるべく、机に向かってこの文章を書いているのであります。

＊

6年の間のいちばん大きな出来事は、テレビ朝日の「じゅん散歩」に出るようになったことだね。地井武さん、加山雄三さんに続く3人目。もう5年になる。月曜から金曜まで放映されています。でも、1日で1週間分を撮るから、毎日は歩いてないね。できるだけ、天気の良い日を選んで主に午前中から午後にかけて歩く。1万歩はかるく超しますね。

歩いていると、皆さんが話しかけてくる。もちろん、こちらからも話しかけるけど、それはみんなきれいな女性だね。「美しくない人には絶対に話しかけませんね」とスタッフも気づいている（笑）。

勘弁してほしいのは、寄ってきて話しかけてくるジジイだね。言うことは「じゅんちゃん、まだできるのかい」とか、「不倫はしてないの？」とか下ネタばっかり。女性はおばあさんでも、どこそこの店がおいしいとか、きれいな店員さんがいるよとか、貴重な情報を教えてくれる。

ジジイは何の情報もない。だから、テレビでは使えない。そういう意味では、オレもジジイだけど、男は役に立たないな。

「じゅん散歩」は、視聴率も悪くない。「みてますよ」とか「実物の方がイケメンね」とか言ってくれる。みてくれる人がたくさんいるのはうれしいことです。この年（73

歳）になって、仕事があって、ギャラもらえてと、これは、ありがたいことです。
困ったこともありました。腰痛がひどくなってね。椎間板ヘルニアと脊柱管狭窄症の手術、怖いけど受けました。仕事に穴をあけないように2014年の年末に手術しました。

ところが、これが思わしくなくて、正月は痛みで七転八倒。「たすけてくれー」となった。病院を替えて月末に2回目の手術。これで助かりました。通算で2か月ほど入院しましたよ。美人の看護師さんと話しができるのはうれしいけど、病院生活は辛かった。

でも、手術のおかげで「じゅん散歩」ができている。疲れがたまって辛いときも少しはあるけれど、まだ当分は元気に歩けます。オレたちみたいな商売は体が資本。健康でないと仕事ができない。そうなると、個人事務所はつぶれちゃいますからね。

うれしいこともありましたよ。月刊誌文藝春秋の「同級生交歓」という有名なグラビアページに出たんです。選ばれるには、それなりのステータスが必要なようで、オレが出るのは場違いかもしれなかった。でも、「高田さんなら大丈夫」とおだてられて、2017年の3月号に都立府中高校の同級生3人と1ページを飾りました。

高校まで出かけて、校門の前で写真撮影。教頭先生が出てきて、「皆さん立派になられて」なんて言われて照れ臭かったな。52年ぶりの母校はあまり変わっていなくて懐かしかった。年はとったけど、写真に写ったみんなはいい顔してた。文章は同級生がオレを立てるように書いてくれた。文藝春秋に載ってオレの株が少しは上がったかもしれないな。

そうそう、東京オリンピックの聖火ランナーの一人にも選ばれていたんだよ。走る距離は200メートルだけど、聖火をリレーする。楽しみにしていたよ。でも、オリンピック自体が延期になってしまった。来年またオレが選ばれるかはわからない。ひとの楽しみを奪いおって、新型コロナ憎しだね。しかし、ウイルスで世界がこんなにダメージを受けるとは。もういいかげん、収束していいコロナ（ひどいダジャレですいません）。

＊

6年間の主な出来事といえばこのぐらいかな。もっとあるかもしれないけれど、残念ながら思い出せない。年相応の認知症だからね。

これらの出来事も含めて、オレの人生の9割はこの本の中にある。ウソ偽りなくこの本は高田純次の9割を語っています。残りの1割はといえば、誰にも言わず、黙って墓の中にもっていく——そう言うと、格好いいかな。先に墓の中に行っている親父やおふくろに、その1割を聞いてもらおう。それがいいね。

ともあれ、オレが人生の9割を語りつくした、この文庫本。気軽に読んで、適当に楽しんでいただければ幸いです。

2020年春　新型コロナ感染の収束を願いつつ

高田純次

はじめに

どうも、どうも、キモサベ！　高田純次ことジョニー・デップです?!

唐突に車の話で恐縮だけど、その昔、1000万円超の外車を買ったのよ。車はオレの唯一の趣味なんだよ（実はゴルフと絵画収集も趣味なんだけど、この際、まっ、いいか）。

自分で運転するのが好きでね、テレビ局やスタジオ、ロケ地にも車で行くよ。でね、この車を買ったのを知った時に、わが女房がいいはなった。

「たかが劇団あがりが、そんな車を買って…」

きつい一発だったなあ。で、オレは手に胸を当てて（逆かな）考えてみた。

要するに女房がいいたかったのは、「分相応、己を知れ」ということかと。

確かに、劇団あがりだ。しかもアングラ小劇場。その劇団も途中でやめちゃった。大学も出ていないし、大した人物でもない。特別何をしたというわけでもない。ちょっとテレビに出て、おかしなことやって、それで人に顔を知られて、今もテレビに出ている。かなり長年出ている、それだけだよ。

そんなオレの人生なんて、誰の役に立つものか。そう思っていたよ。ほんとの人並み、あるいは人並み以下の人生さ。上をみればきりがないけど、同じ位置や下にはもっとたくさんの人がいる。おれはチョボチョボの人間だってことは、本人がよく知っているわけだ。だから「自伝」なんて言葉がつく本を出すなんて、おこがましいと思っていた。今も思っているけどね。

だけどさ、高校の同級生で本の編集をやっているYが「そういう奴が、テレビCMやドラマなんかに出て、適当男とかいわれて、それなりの人気を保つのはなぜか。高田純次という男は、ほんとはどんな人間か、みんなそれを知りたがっているよ」なんて、オレをくすぐるわけよ。

オレの性感帯は敏感だから、くすぐりに弱い（意味が違うか）。そういってくれることはありがたい。同級生の顔をつぶすのも悪いしね。

65歳を超える年になって、人生の区切りとして、自分の人生を振り返ってみるのも悪くないかと思い直して、この本を出すことにしたわけよ。

〝長い間、芸能界で生き残ってこられたのは、なぜだと思いますか〟なんて聞かれることがある。だけど、自分ではわからないなあ。それなりに一生懸命やってきた、死にもの狂いの時もあった。心がけていたのは、いつも明るく、楽しく、元気に――それだけだよ。

人並み外れた才能があるとも思えないし、人に優れて特別何ができるというわけでもない。運が良かったのか、悪かったのか、テレビというメディアがあればこそだね。テレビがなければ、高田純次というタレントは生きていけなかった。つまり、存在できなかった。その意味では、テレビというメディアに感謝だよ。もちろん、そういう人はほかにもたくさんいると思うけど、特にオレはテレビのおかげだね。

そのテレビも永久に出られるわけでもない。そのうち死ぬわけだから、オレの自伝的な本としては、これが最後になるかもしれない。わかんないけど。まあ、これまでのオレの本と比べれば、けっこう真面目な内容になると思うよ。下ネタの川柳もないしね。

〝チンケだけれども、適当に真剣である〟――これがオレの本当の生き方、なんてね。

それなりに自分の過去を思い出して、見直してみることにするから、読んでくだされ。高田純次というひとりの男の生き様が、この本の中にあるのは確かだから。

最後に大事なこといわせてよ。

読み終わっても、人に貸しちゃだめだよ。新古書店に売るのもやめてね。「すごくためになる、いい本だ」とかいって、みんなに薦めてね。この本がたくさん売れたら、オレの老後の資金にするからさ。お願いしますね。

じゃ、「あとがき」でまたご挨拶します。

トム・クルーズ改め? **高田純次**

自伝 高田純次——目次

文庫本の刊行によせて 3
はじめに 9

第1章 〝還暦過ぎてモテモテ〟の実態

オレって「CMの帝王」？ 24
●自己評価は難しい ●毎日なんて出ていないよ ●二十数年、同じことをしている
●仕事がある今を良しとする

事務所の社長なんだよね 30
●名の知れた人も所属していたよ ●初の主演映画も震災で…
●オレがいなくなったら、事務所もなくなる

オレの埋蔵金 36
●ちょっとびっくりのカネが眠っていた ●有頂天…すぐに奈落の底へ
●あなたならどうします？ ●ステレオと壁の隙間の50万円
●下積みという意識は全然なかった

第2章　オレの生い立ち

ちょっと複雑な家庭……48
●オレを産んだ母親をオレは知らない ●不確かな幼児期の記憶 ●母親に抱かれた記憶がない

新しい母親には懐かず……55
●わたしは「美枝子」じゃない ●ほんとのおばあちゃん子
●祖母と継母とオレの微妙な関係 ●「思いつめるな」といい聞かせて ●異性に目覚めた時

父親は東京ガスのサラリーマン……63
●酒好きで人のいい男 ●恐縮して火事見舞いのような挨拶
●初めて憶えた四文字熟語――軽佻浮薄 ●「ワイツ伯父さん」に絵の手ほどき

第3章　挫折、挫折の青春時代

まず高校受験に失敗……72
●小・中とも成績は良かったのに ●「もてたい」が唯一の関心事
●国立高校に落ち、府中高校へ ●「国領のニワトリ」 ●文化祭で落語を一席
●VANの紙袋を持って

大学受験にも失敗……83
●受けた大学は軒並みアウト ●3度目の挫折を恐れて
●デザイナー学院の卒業証書はゲット
演劇に目覚め、そして冷める……88
●自由劇場の「マクベス」に感動 ●鍛えられた即興性——研究生になる
●ベケットの戯曲劇に挑むも… ●芸術よりも生活

第4章 地道に暮らす

妻とのこと……100
●出会ったのは22歳の時 ●中野のアパートで同棲、結婚 ●『ゴメンね、ありがとう』
宝石の卸会社に就職……106
●宝石鑑定士になった ●緩い検品で人気者に ●忘れられない「トキモト」の上司
会ってはいけない奴らと会った?……112
●巨乳の女の子を「ボルガ」に誘った ●昔の仲間とばったり
●みじめな疎外感を味わって ●心の空洞に魔がさした

第5章　30歳の決断

サラリーマンにお別れ……120
●年下の3人に説得されて●もっとクリエイティブなことを
●やり直し、再出発に定年はない●上司には引き留められたが●女房には泣かれた

刹那的な生き方、選択……128
●気持ちが燃えるか燃えないか●失敗と挫折が生んだ生き方
●横尾さんの絵に人生を感じた●人生はY字路の連続

東京乾電池とは……135
●若者特有の健気さと悲壮感●旗揚げ公演は笑いにつつまれた
●3人の情熱には脱帽だね

肉体派フリーター……140
●稽古とアルバイトの繰り返し●親分はギターと日本刀を持っていた
●オレとおっさんが生き埋めになる

充実の日々……145
●今をシコシコ懸命に生きる●渋谷ジャンジャンでの公演でブレーク
●〝グランプリ女優〟を怒鳴った

第6章「5時から男」への道

食えるタレントに …… 152
●きっかけは「笑ってる場合ですよ」●自分のコーナーを持つ
●矢崎滋さんに励まされた●タレントとしての自信——横澤さんは恩人

「元気が出るテレビ」で波に乗る …… 159
●見かけは普通で実は変な奴●テリー伊藤さんがディレクター
●ギャラはとにかく安かった●暴走して物議をかもす

CMタレント …… 165
●「5時から男」はオレにぴったり●流行語で2年連続受賞
●台所用洗剤ジョイのCM

✹面白い話？ あれこれ——ティータイム …… 171
●ペレの彼女の顔は？——初めての海外ロケ●すごい女性って、ほんとにいるね
●オーストラリアでバズーカ、パトカーが出動●「笑いとは裏切りである」

第7章「適当男」の虚像と実像

適当とは何か……182
●「適当論」――和田秀樹先生のお蔭 ●どうすれば適当なのか
●「適当」の中に人生あり ●オレのツイッター

適当男は虚像か実像か……189
●嘘と真実は紙一重 ●オレの流す涙は…

昭和の無責任男と平成の適当男……194
●真面目と無責任の落差 ●仕事に対する姿勢の違い
●昭和と平成、20世紀と21世紀の違い？

高田純次さんに20の質問……201

あとがき 207

高田純次の主な軌跡と出版物一覧 211～214

略歴 215

自伝 高田純次

適当男が真面目に語った〝とんでも人生〟

●第1章 〃還暦過ぎてモテモテ〃の実態

オレって「CMの帝王」?

少し面映《おもは》ゆいのだけど、「高田純次はCMの帝王」とか「高田純次は60歳を過ぎてから素敵になった」なんていわれる。それじゃ、その前のオレはダメだったのか、と突っ込みたくなるけれど、最近、そんな風にいわれることが多くなった。

しかも、男だけでなく若い女性にも、そして、おじさんやおばさん方にも好感度が高いと。「高田純次さん、好き!」っていう女性が多いんだって。ほんとかね。どうしてオレに直接いってくれないんだろ。いってくれれば、その場でやっつけちゃうけどね。もちろん、冗談、じゃないよ。

自己評価は難しい

とにかく、その人気の秘密は? なんて本人に聞かれてもわかんないよ。緻密で分析能力の高いオレでも、本人に分析させるのは無理だね。だいたい、私の人気の秘密はこうこうで…なんて本人が語り始めたら、これはちょっとおこがましい。

本来、自己分析とか自己評価というのは、難しいんだよ。自分を過大評価するか、過小評価するか、どちらかだけど、おおむね過大評価が多いな。自分は正当に評価されていないと考えて、不満を抱くケースは多いと思うな。サラリーマンの人事の不満なんて、みんなこれでしょ。

自分は会社に正当に評価されていない。同期のあいつより、オレの方が仕事ができるのに、なぜ……みたいな不平不満だよな。これは難しいよ。自己評価と他人の評価がぴったり一致するなんてことは、ほとんどないんだから。

オレは、多少低めに自分を評価する方が好きだね。謙遜っていうの。日本人はこれが合ってるよ。自分をすごく過大評価する奴、夜郎自大みたいなのは嫌だね。なんかすごく見苦しい。

オレたちみたいな仕事は、他人の評価でみんな決まる。仕事のあるなし自体が、すでに評価されてしまっているということなんだ。つまり、評価されていれば仕事はくるし、されていなければこない。だから、オレはそれ以上の評判は気にしないことにしている。

ただ、週刊誌や夕刊紙にときどきオレのことが書いてあると、マネージャーや周りが教えてくれるので、それを読むことはある。

毎日なんて出ていないよ

２０１３年の正月三が日のテレビＣＭの出演秒数は、オレがトップだったそうだ（ビデオリサーチ調べ）。うれしいな。この年齢でちょっと自慢だね。ただ、それは自分の力ではどうしようもない。ただただ、スポンサーサイドの努力だね。

２０１３年現在、大手６社のＣＭの仕事をさせてもらっているけど、これもいつまで続くかわからない。ただ、タレントとしては、少しでも長く使ってほしいと願うよね。

ＣＭタレントだって、かかわった商品が売れたり、評価されたりすれば、責任を果たしたような気がして、うれしいのさ。高田純次だから適当に、無責任にやっている――なんて思っている人は、まあ、いないか！

それから、よく「高田さん、毎日テレビに出ていますね」なんていわれる。これは、スポンサーがＣＭをたくさん流しているからだよ。実は、毎日も連日も出ていない。テレビにＣＭが流れているだけ。仕事がなくて自宅のソファーで寝ころんでいても、流れている。観ている人は毎日のように出ていると思うんだな。

「いや、毎日なんて出ていませんよ。きのうは暇なので、家でネコと遊んでました」なんていうのも面倒だから、笑って済ますけど、その辺は大きな誤解だよね。

CMに限らず、オレたちの仕事は自分で選ぶことができない。基本的には相手次第。オファーがなければ仕事はない。誰かがいっていたけど、ほんとの受注専門産業だよ。オレなんか、劇団時代からがむしゃらに働いてきたから、ほんの3日も仕事がないと、落ち着かなくなる。不安になっちゃう。正月は別として、夏なんかしばらく空白があくと、このまま仕事がなくなるのではないか、なんて考えて、怖くなるね。いやな性分だよね。

二十数年、同じことをしている

思えば、オレも四捨五入すると70歳。十の位でなら100歳だよ（笑）。あっという間だね。

オレがタレントとして、独り立ちというか、これでやっていけると思ったのは、40歳を過ぎてから。あれから二十数年、やっていることは、昔も今も変わっていないんだよ。

サラリーマンなら、会社の部署や仕事内容が変わったり、偉くなって肩書が変わったりするだろ。だけど、オレは全然変わっていない。昔と同じことをしている。進歩がないといえば、ないよね。違うことをやろうとしても、一度キャラクターが定まると、違うことはなかなかできない。そのキャラクターに縛られる。だから、いつも同じことをやることになる。そして、気がついたら、65歳を超えていたっていう、なんか、頭だけが白くなったという、まるで浦島太郎みたいな感じだよ。

プライベートでも、ほとんど何も変わっていない。小さかった子供が成長して、親から離れていったということくらいだね。女房とも、そんなに喧嘩をしたわけでもないし、なんとなく平穏に暮らしてきた。

もうちょっと、公私ともに波乱に富んだ人生を送ってみたかったと思うよ。結婚を何回もする人がいるけど、なんとなくうらやましい。オレも3回くらいは結婚したかった、なんてね。

仕事がある今を良しとする

60歳を過ぎて、CMの仕事が増え、さらに最近になってまた増えたけど、これも一過性でね。永久に続くわけじゃない。バラエティーの仕事だって、年齢的にだんだん出る機会は少なくなっていくよね。そんなことを考えていると、将来どうなるのかと、不安になるよね。

だけど、まあ、考え方を変えれば、この年で仕事があるだけでいいかなと。それで良しとしないといけない、という気がするね。

オレの信条は「ものは考えよう」だからな。仕事がある今を良しとすれば、また働く意欲もわいてくるというものだよ。一般のサラリーマンの人もそうだよ。仕事があることを良しとする――そう考えれば、人生、少しは気楽になるよ。

実は、オレは組織の中にいてコツコツ努力して働くのが好きなんだよね。そうは見えない？　それは偏見だよ。ほんと、今でもサラリーマンに憧れているもの。組織の中で働いて、少しずつ偉くなっていく自信は、オレすごくあるんだよな。

でも、大学に行けずにアウトローの世界に入ってしまったから、今さらいっても始まらないけどね。

のっけから、真面目な話になっちゃったな。ほら、実は高田純次は適当な男ではないとわかったでしょ。

事務所の社長なんだよね

知っていると思うけど（知らない人もいるよね）、オレは「テイクワン・オフィス」という芸能事務所の代表取締役。つまり社長なの。自慢してるわけじゃないよ。社員は10人に満たず、主なタレントはオレ自身っていう小さな事務所だよ。でも、少ないといっても社員には給料を払わなければならないし、それなりの固定費もかかる。事務所経営もそんなに楽じゃないよ。

名の知れた人も所属していたよ

そもそも、なんでオレが事務所の社長なんかになったのか。

後で詳しく話すことになるけど、柄本明《えもとあきら》・ベンガル・綾田《あやた》俊樹《としき》（※）の3氏が旗揚げした劇団「東京乾電池」に入って4〜5年たったころから、テレビに出る機会が多くなってきた。

まず「笑ってる場合ですよ！」「笑っていいとも！」（いずれもフジテレビ）、そして「天才・たけしの元気が出るテレビ‼」（日本テレビ）に出るようになってからは、そのロケですごく忙しくなってしまった。「元気が出るテレビ」は、オレが本格的にテレビ界に入っていくきっかけとなった番組だ。

そのため、劇団公演の芝居や稽古に出ることができなくなってきた。要するに、オレの場合、比重がテレビの仕事になってきたわけだ。テレビに出ないと食っていけないという事情もあったからね。

同じ劇団の中でも時間がたてば少しずつ考え方が違ってくる。エモッちゃん（柄本明）は芝居一筋だし、岩松了《いわまつりょう》氏（※）なんかは役者から脚本、作家、演出の方へシフトしていった。オレははっきりテレビの仕事。しかもバラエティーがメイン。

結局、10年間、東京乾電池に所属していたけど、最後のほうは芝居も稽古も事実上できなくなって、40歳の年に10周年記念の公演を最後に、劇団を退団した。だけど、その後も2年間は、東京乾電池オフィスの所属タレントとして活動していたんだよ。

でもさ、芸能事務所としての東京乾電池は、それが主目的じゃないから、イマイチってことで、42歳の時に独立させてもらった。条件付きで東京乾電池のマネージャーに来てもらって、個人事務所「テイクワン・オフィス」を開いたわけだ。

以来24年、何とかやってきた。一時は、桃井かおりさん、岸部一徳さん、麻木久仁子さん、高嶋ちさ子さんとか、けっこう名の知れた人も所属していた。だけど、他の事務所から声をかけられると、みんなそっちへ移っちゃうんだよ（笑）。

まあ、仕方ないけどね。あっ、河合美智子さんはまだいてくれてるよ。

オレが働かないと、事務所経営はどうにもならないわけで、そういう意味のプレッシャーはあるな。

初の主演映画も震災で…

東日本大震災のあった２０１１年（平成23年）などは、仕事が入らなくなり、事務所の経営は赤字になった。あの震災では、津波によって多数の犠牲者が出て、さらに原発の事故もあり、日本中が大変な痛手を受けたから、オレなんかの被害はどうってことないけど、まあ影響は受けたよ。

実はあの年の3月12日から、オレの初主演映画「ホームカミング」が公開される予定だった。定年を迎えた男が、かつては理想の町といわれながら、今は老人街と化した町に再び活気を戻そうと、町おこしに奮闘するという映画。

オレが主役の定年男。妻役が高橋恵子さん。高橋さんは、昔からファンだったから、一緒に仕事ができてうれしかったな。今もきれいだしね。

映画の公開前には記者会見もやって、オレはやる気満々だった。ところが、公開前日にあの大地震、津波そして原発事故だろ。映画どころじゃないよね。公開に合わせて様々なイベントも予定されていたけど、ほぼ全部ダメになった。

とりあえず、少数の映画館で上映されたけど、状況は厳しく短期間で打ち切りとなった。残念だったなあ。大地震には勝てない。仕方ないね（その後、ＢＳの衛星劇場で放映されたけどね）。

オレがいなくなったら、事務所もなくなる

あの年は、とにかく仕事がなかったね。このまま赤字が続けば、事務所が維持できなくなるなんて最悪の事態も想定したけど、２０１２年にＣＭの仕事が入って上向いて、どうにかしのげた。

そういう意味では、普通の中小企業と同様に、事務所経営はシビアだよね。

自分の事務所は解散して、大きな事務所に所属して仕事をすれば、ずっと楽じゃないか、という人もいるけど、今さらそれはできないしなあ。

ついでにいうと、オレは給料制だよ。しかも、あんまり高くない。億なんてもらっ

てないよ（当たり前だよね）。オレの給料を高くすると事務所の負担になるからね。いずれにしても、社長という肩書はあるけれど、オレ自身が商品。オレが売れないと事務所は成り立たない。簡単に病気で寝込んだりはできないわけよ。オレが死んだらどうなるか。まあ、事務所はつぶれるというか、なくなるね。どう？　客観的にものをみているでしょ？

※**柄本 明**：1948年（昭和23年）、東京生まれ。劇団「東京乾電池」の座長。高卒後サラリーマンに。その後、金子信雄主宰の劇団「マールイ」の生徒となり、演劇を始める。74年に自由劇場の舞台に立つ。76年に東京乾電池を結成。特異な容貌でテレビ、映画にも出演。日本アカデミー賞など多数受賞。2011年には、紫綬褒章を受章した。

※**ベンガル**：1951年、東京生まれ。日本大学商学部卒業。本名・柳原晴郎。ベンガルの名は唐十郎の舞台演劇「ベンガルの虎」に由来する。自称、乾電池の副座長。自由劇場の研究生から乾電池の結成に参加。とぼけたキャラクターが受けて、テレビ、映画にも貴重なわき役として多数出演。また、乾電池以外の舞台でも幅広く活躍している。

※**綾田俊樹**：1950年、奈良県生まれ。明治大学文学部卒業。自由劇場の研究生を経て乾電池の結成に参加。舞台だけでなく、数多くのテレビ、映画に出演。ひょうひょうとしたキャラクターで、「武士の一分」など山田洋次監督の時代劇に出演するなど、貴重な脇役として欠かせない存在。バラエティーにはほとんど出ないが、CMには出演する。

※**岩松了**：1952年、長崎県生まれ。東京外大ロシア語学科中退。自由劇場を経て東京乾電池に参加。80年代後半から、劇作家、演出家として頭角を現す。岸田戯曲賞、紀伊国屋演劇賞、読売文学賞などを受賞。近年は脇役俳優としても活躍。石原さとみが出演する自動車タイヤのテレビCMでは、眼鏡をかけたおじさん役で出演。

オレの埋蔵金

カネの話といえば、5、6年前のことだけど、こんなことがあった。どこかですでに話したかもしれない。でもまあ、聞いた人は、再放送だと思ってもう一度聞いてよ。オレの埋蔵金の話なんだけどね。

ちょっとびっくりのカネが眠っていた

ある銀行からオレの事務所に電話がかかってきた。銀行から電話がかかるなんてめったにないことだろ。ちょっとした不安と怪訝な気持ちで電話に出た。

「うちの銀行に、最近全く出し入れのない、眠ったような預金があるのですが、お名前から判断して、タレントの高田純次さんの預金ではないかと思いまして」という。

とっさに新手の詐欺かと疑ったよ。だけど、預金があるといってくる詐欺もないかと思って、話を聞いてみた。

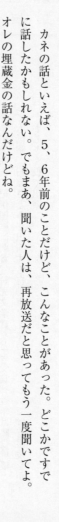

その、眠ったような預金はいくらかとたずねると、なんと飛行機が1機買える金額だった、というのは嘘、冗談です。ただ、高級外車が2台は買える金額だった。これは本当。

しかし、オレにはそんな預金をした憶えがない。でも、銀行ともあろうものが「高田さんのでは…」といっているのに、あえて否定する必要もないよね。なんだかよくわからないけど、会うことにした。やってきた銀行マンは

「これ、高田さんの預金ですよね」といって、名義とか明細を説明した。そうすると、なんだかほんとにオレのカネのように思えてきた。

銀行マンは「暗証番号を憶えていらっしゃいますか」ときく。悔しいけど、預金したことも憶えていないのに、暗証番号を憶えているわけがないよね。

「う〜ん、憶えていないなあ。どこかにメモしておけばよかったなあ」

「では、心当たりの番号をいくつかいってみてくれませんか」

仕方なく、いくつかいってみた。

「全然、違いますねえ」

やっぱりな。これでこの話はポシャるかなと思った。ところが意外なことに銀行マンは「まあ、暗証番号は憶えていないとしても、いろいろ調べて高田さんの預金であ

ることは99パーセント、間違いありません」といって、オレを銀行に引っ張っていった。

「これが暗証番号なのですが」と見せてくれた番号には、なんとなく憶えがあった。

「あっ、この番号には憶えがあります。これ、私のお金です！」と思わず叫んじゃった。

叫んだせいでもないけれど、結局、その高級外車2台分のカネはオレの預金ということになった。

女房も誰も知らない結構な金額のカネ。これがオレのもの。M資金はオーバーだけど、オレにとって、思いがけない埋蔵金であることは確かだ。

「これでオレの老後は安泰だ」なんて、人生で初めて有頂天になっちゃった。

銀行マンは「ところで、ご相談ですが、半分を外貨預金に回しませんか」という。なるほど、これが銀行の本当の目的か、と悟ったけど、埋もれていた預金を見つけてくれ、わざわざ電話してきてくれた銀行だ。断ることなんてできないよね。

「どうぞ、どうぞ。米ドルでも豪州ドルでもお好きなものをどうぞ」

舞い上がっていたオレは、銀行マンにもお礼をしなくては、と思って「何かほしいものはありませんか。何でもいってください」とかいって、愛想を振りまいた。

それにしても、誰も知らない多額のカネ。半分ほどは外貨預金したけど、まだかなり残っている。

有頂天…すぐに奈落の底へ

「埋蔵金ってほんとにあるんだ」と思ったね。なんだか、拾った宝くじが当たってしまったような感じだった。

だから、銀座や六本木で〝大人のクラブ活動〟をしたり、ちょっといい時計や靴、服を買ったりして、またたくまに200万円くらい使っちゃった。カネを使うことが楽しくてしょうがなかった。

そんな有頂天なある日のこと、帰宅途中に携帯が鳴った。女房からだった。

「変なこと聞くけど、キャッシュカードを盗まれてない?」

「いや、盗まれていないけど、どうして?」

「ちょっと変な動きをしている貯金があるのよ」

「えっ、ちょっと待って、オレも調べてみるから」

とかいって電話をきったものの、「これはやばい!」と直感した。

〝そうか、あれは女房が管理していたカネかあ。いやあ、まずいなあ〟

その預金は女房が劇団時代から毎月数万円をコツコツと、たぶん20年以上にわたって貯めたカネだった。長い間全く動かしていなかったのに銀行が気づいて、運用させようと思って電話してきたというわけだったのだ。

だけど、使ってしまったカネは戻ってこない。さて、どうしよう。

言い訳をいろいろ考えたけど、どうにもまともな言い訳はみつからない。で、正直にいうしかないと腹を決めた。

「銀行が高田さんのカネじゃないかといってきてさ。オレが使っていたんだ。ゴメン」

すると、女房はこういった。

「あんたが稼いだおカネだから、どう使おうとあんたの勝手だけどさあ…」

この時、助かった！　と思うより、オレの女房はエライと思ったね。

だって、〝旦那のカネは自分のもの。自分のカネは自分のもの〟と思っている女房族がたくさんいるじゃないか。なのに、オレが働いて得たカネだと認めてくれたわけだからね。文句もいわなかった。若い時、カネではさんざん苦労かけたのに。

女房が怒らなかったその分、オレはちょっと恥ずかしかった。

考えてみれば、その程度のカネで有頂天になって、ガンガン使って、そのカネは実は女房がコツコツ貯めてくれていた貯金だったなんて。やっぱりオレはしょうがねえ奴だなあと思った。チンケだろ。己の小ささを思い知ったね。

あなたならどうします?

ただね、こういう時、あなたならどうします?

使いますか?　そのまま密かに貯金しておきますか?　それとも、株でも買ってさらに儲けようとしますか?　どうするかで、その人の人間性が出るね。

オレは、誰にもいわず、黙ってかなり使っちゃった。カネを使うって、けっこう精神的な快感があるからな。

オレにとって、この話の教訓は、予期せぬカネが入ると、うれしくてガンガン使っちゃうってことだね。オレ、快楽追求派だから。それから、有頂天というのは、〝転落する前の束の間の喜び〟なんだとわかったことだね。

この話には続きがあるのよ。銀行がいうように半分を外貨で貯金したわけだけど、米ドルと豪州ドルが上がってね、使った分は４、５年で、ほぼ元が取れちゃった。

人生ってバランスが取れているね。

ステレオと壁の隙間の50万円

カネに関して、逆に女房にこっぴどく怒られたケースもあるよ。貧乏時代のことだけど。この時も情けなかったな。

東京乾電池に入って、サラリーマン時代の貯金もなくなって、アルバイトと稽古に明け暮れていたころ、中野のアパートに住んでいた。風呂なしの２Ｋ。

女房は幼い娘を連れて風呂に行くけど、オレは行かずに台所で体を洗ったりしていた。

そんな貧乏状態なのに、オレはセパレートのステレオがほしくて、それを買ってしまった。月賦でね。今考えると、われながらよくわからない生活態度だった。

ある時、そのステレオと壁の間に包み紙があったので、取って開けてみた。すると、なんと札束で50万円があるではないか。

オレは、よく考えもせずに〝天の恵みだ〟と、そこから20万円ほど抜き取って近くの丸井へ駆けつけ、まずクーラーを買った。アパートは格別暑かったからね。ついでに、ほしかった時計とジャケットも買っちゃった。

ところが、そのカネは女房が姉から生活費として借りたものだった。さすがに女房は「あんた、なに考えてるの！」と怒ったね。オレが稼いだカネじゃないもんね。

クーラーはまだしも、ついでに買った時計とジャケットについては「まったく、あんたって人は！」と、危うく離婚に発展するところだった。オレは、言い訳もできずに、黙って時計をいじっていた。

この時、離婚までいかなかった理由のひとつは、女房の時計もいっしょに買っていたからだね。自分の時計だけしか買っていなかったら、女房の怒りは倍加していたね。

このあたり、運がいいというか、悪いというのか。

いずれにしても、若いころはこういう男だったのも事実です。

下積みという意識は全然なかった

ただね、そんな風に生活費をひとから借りるほど貧乏だったけど、少しもつらいと思ったことはなかったな。さらに、いつかいい時がくると期待もしていなかった。今が下積みという意識もなかった。

貧乏を楽しんでいた、といえばいい過ぎかもしれないけど、アルバイトで精一杯深夜まで働いて、昼から稽古して、芝居をしてと、すごく充実していた気がするな。もう30歳を過ぎていたけど、全然めげていなかった。

気力も体力も充実していた〝黄金時代〟だったかもしれない。満足に風呂屋にも行けない黄金時代もないけれど、誰でもこんな風に一生懸命生きている時代があるんだよな。

テレビに出るようになって、顔も知られるようになった時が〝光っている時〟ではなくて、その前の〝ひたすらがんばっている時〟が、本当の光を放っているような気がするな。

後になって、そのころが、愛《いと》おしいというか、懐かしいというか、ほんとに大切な時だったとわかるんだよ。

〝一生懸命やっていれば、いつか報われる〟なんて、陳腐なことをいうつもりもないし、〝努力しても報われない〟ことがあるのも確かだよ。

世の中、決して公平ではないけれど、カネはなくたって充実している時はあるからね。若いころは、そういう時間を持つことが大切だと思うな。

女房と娘が風呂屋にいったあと、オレは台所で身体を拭いて済ませていただけじゃないんだ。飼っていたインコを籠から出して、部屋の中で飛ばして遊んでいた。そうすると、なんか優雅な気分になったんだよね。貧乏も工夫次第で楽しくなるってことかな?

適当男としては、似合わないことをいってる?

オレはいつも思っているんだ。〝ものごとは考え方ひとつで変わってみえる〟ってね。そういう考え方は、育った環境や体験から生まれたのだろうか。

それじゃ、もう少し時代を遡《さかのぼ》って、オレの人生の始まりのころを話してみようかな。

●第2章 オレの生い立ち

ちょっと複雑な家庭

オレは1947年（昭和22年）1月21日に東京都調布市の国領で生まれた。終戦から1年半しかたっていないから、日本は貧しく疲弊していたころだ。生まれた家はいわゆる引き揚げ寮で、記憶しているのは狭い家だった、ということかな。その家から小学校に入ったよ。

その後、昭和29年に同じ国領に親父が家を建てて引っ越したけど、20歳を過ぎて独り暮らしを始めるまでは国領にいたわけだから、正真正銘、国領はオレの故郷だね。

東京近辺に住んでいる人は知っていると思うけど、京王線に国領という駅がある。今はそれなりに都会っぽくなっていて、いわゆるベッドタウンだけれど、当時は田舎だったね。東京都なんだけど田舎。調布も、それから3年間、電車で通った高校がある府中市も、東京なんだけど、いわゆる都会ではなかった。

今はそういい方はほとんどしないけど、23区以外を「東京都下」といったころだね。日本一の繁華街・新宿には電車ですぐに行けるけど、都会ではない。まあ、土地柄としては中途半端な所だね。

そこで育ったオレが、その土地柄からどんな影響を受けたかは、自分ではよくわからないけれど、いわゆる〝江戸っ子〟ではない。江戸っ子の粋でいなせな感じはオレにはないよな。だけど、田舎から出てきた人によくみられる朴訥な感じと、そして〝ひと旗揚げる〟という腰の据わった根性もない。

とにかく、都下の生まれだからね。もう少し西に行くと、新選組の近藤勇とか土方歳三が出た日野のあたりになる。そういえば、新選組も江戸っ子じゃない、なんとなく泥臭いよね。オレは泥臭くはないと思うけど、きっぷのいい洒落者という感じではないのは自分でもわかるよ。

冒頭で、生まれたのは「1月21日」と、いったけど、20歳のころまで、誕生日は「1月27日」だと思っていた。書くと「1」は「7」と紛らわしいだろ。「1」を「7」と読み誤って、ずっとそれを信じていた。誰もそれを訂正することもなかった。デザイナー学校に入学書類を出す時に、何かの拍子に親父が気づいて「27日じゃないぞ。21日だぞ」といって、真相がわかったんだ。

ひどくアバウトな話だろ。でも、本当のことなんだ。こういうアバウトな家庭に育ったことは確かだね。

オレを産んだ母親をオレは知らない

さて、生い立ちだけど、オレには母親がふたりいたらしいんだ。「らしい」なんて、適当にいっているようだけど、ほんとの話だよ。ひとりは母親としての記憶がほとんどない。たったひとつだけ記憶に残っているけど、これも母親としての記憶ではなく、〝知らない女のひと〟の記憶なんだ。

その幼い時の記憶はこんな感じだった。

ある日、父親に手を引かれて電車に乗った。電車が好きだったオレはうれしかった。何度か乗り換えもして、かなり長い時間乗っていたような気がする。降りた駅から少し歩いて、着いたところは病院だった。

病室に入ると、ベッドに知らない女のひとが横たわっていた。

そのひとがからだを起こして、オレを見るといきなり泣き出した。何かをいったわけでも、オレが何をいったわけでもない。ただ、ベッドの上で泣いたんだ。

そのあと、どうしたのか憶えていない。とにかく、オレには何のことだかよくわからなかった。父親から「外に出ていなさい」といわれて病室の外に出た。それは、ごく短い時間だった。

その知らないおばさんが、オレを産んだ実の母親だったと、あとで教えられた。そして、これも後でわかるのだけど、母親はそのあとすぐに亡くなってしまった。父親に教えられたのか、祖母にいわれたのか、これも憶えていないけど。

後年、父親が死んだ時に、戸籍書類をみて知ったのだけれど、オレを生んだそのひとの名前は「福江」といって、亡くなったのは1951年（昭和26年）1月20日で32歳の時。死因は肺炎だった。

オレが生まれたのが、1947年1月21日だから、「福江」はオレの4歳の誕生日の前日に亡くなったことになる。

今から考えれば、もう危ないという容態になって、父親がたったひとりの子供であるオレと、最期の対面をさせたのだと思う。その日がいつだったのか、今となってはわからない。亡くなる前、そう遠くない前だとすると、3歳の時であるのは確かかな。

残念だけど、実の母親の記憶はそれだけなんだ。まだ幼いし、おそらく長い間入院していたのだから、オレは顔も憶えていなかったんだ。

不確かな幼児期の記憶

実をいうと、２００７年（平成19年）に出した「適当男のカルタ」（青山出版社）では、今の記憶と違うことが書かれている。

「病室に入ると、美しい女性がベッドの上に座っていた。するとその美しい人は、いきなりオレを抱きしめて泣き出してしまった。はしゃいでいた気持ちが突然悲しくなってしまったことを記憶している。」

ところが、１９９２年（平成４年）の「多面人格のすすめ」（祥伝社）では、

「病室のベッドにはオバサンが寝間着姿で横たわっていた。そのオバサンに何か声をかけたわけでもなく、またオバサンから何かいわれた記憶もない。オバサンは僕には初めての人だった。その対面シーンはごく短いものだった。」

とある。

自分が著者であるふたつの本でも記憶が違うんだよ。無責任だといわれれば無責任なんだけど、それほど記憶があいまいで、不確かなんだ。多分「適当男のカルタ」には脚色が入っているような気がする。だって、３歳の子に美しい女性かどうかなんてわからないよね。申し訳ない。

66歳になって、記憶が鮮明になるはずもないけど、今の記憶としては、「知らない女のひとがいきなり泣き出した」というのが、確かかな。その記憶が今では一番しっくりくる感じだな。

とにかく、母親に関しては、成長してから反芻《はんすう》できるような鮮明な記憶がないんだよ。長い間、写真もみたことがなく、顔も知らなかった。

母親に抱かれた記憶がない

それは仕方ないことだと思うけど、母親の記憶がないというのは、寂しいというより、もの足りないというか、頼りない感じだね。それを寂しいとか、悲しいとか自覚したことはないけれど、他人からみれば、オレは「かわいそうな子供」「わけありの子供」の部類に入るのかもしれないな。

もうひとつついっておくと、オレの名前は「純次」だから、次男なんだ。さっき、「たったひとりの子供であるオレ…」といったけど、本当は違う。本当は「進」という長男がいたんだ。けれど、オレが生まれる前に、幼くしてやはり肺炎で亡くなってしまった。

初めての子を幼くして亡くし、自分も32歳で亡くなった母親。今から思うと、やはり「あわれ」を感じるね。昔はこういう薄幸の人生はいくらもあったと思うよ。まだまだ日本が貧しく、医学も発達していない時代だったからね。

後年、「福江」の弟さんが亡くなった時、葬式に行って、その時初めて「福江」の写真を見せてもらった。きれいな人だったなあ。

「ああ、この人がオレを産んだ母親か」と思ったけど、悲しいかな、それだけなんだね。思い出、記憶がないから、深い感慨がないんだよね。

実の母親の記憶がない、写真も見たことがないというのは、父親や祖母が意識的に実母の話を避けたからだと思う。高田家のタブーにしたのだと思う。もの心ついても、実母の話は誰もしなかったからね。

親の記憶、特に母親の記憶というのは大切だよね。本当は誰も幼児の時の記憶を鮮明に憶えているはずがないのだけれど、母親に抱かれた、おっぱいを飲んだ——そういう肌感覚、そしてそういうことが確実にあったはずだという思いが、母親の記憶として蓄積されるのだと思う。

オレには、そういう「あったはずの母親の記憶」がない。成人するまで母親の顔も知らなかったわけだから。仮にオレに精神的な欠陥があるとすれば、それは母親の記憶が欠如しているのが原因かもしれないな。

でも、自分に精神的な欠陥があるとは思っていない（当たり前か）。母親の記憶の欠如は、悪い影響はもたらしてはいないと思う。そう思いたいだけかもしれないけれどね。

とにかく、母親に愛された、という記憶も実感もないからね。やさしく抱かれたという記憶もない。こんな風にいうと、育ててくれた継母には申し訳ないけど、そうなんだから仕方ないよね。

新しい母親には懐かず

もうひとりの母親は、実母が死んですぐにきたみたいだ。オレが４歳４か月の時にきたというから、「福江」が亡くなって４か月後、１９５１年（昭和26年）の５月ごろということになる。

「そんなに早くくるかなあ」と思うのだけれど、今の母親（オレは「おふくろ」と呼んでいる）は「純次が４歳４か月の時にきた」といっていたらしい。それが正しいと

すれば、「福江」が亡くなってから4か月後ということになる。

おふくろはまだ存命だから、本人に確かめればいいんだけれど、残念ながら、もうそういうことがわかる状態ではなくなっている。91歳を超えているから、記憶が確かではないのは無理もないけどね。

おふくろは、オレの父親の姉妹の嫁ぎ先の親戚筋か、知り合いだったらしい。「福江」の入院中に、手伝いに来ていたという話もあるから、亡くなって4か月後にきたというのも、考えてみれば十分ありえる話だと思う。

わたしは「美枝子」じゃない

おふくろは「美枝」という名前だけど、初婚で29歳の時にうちにきたという。そして、１９５２年（昭和27年）の12月に妹の君枝を産んでいる。さらに、１９６０年（昭和35年）1月には弟の繁夫が生まれている。

この「美枝」という名前に関して、ちょっとしたエピソードがあるんだ。

父親が亡くなった時（１９９１年４月）、おふくろがオレを呼んでこういったんだ。

「お父さんは私のことを美枝子、美枝子と呼んでいたけど、私の本当の名前は美枝なのよ」

えーって、こっちは驚いたよ。しかも、いわれたのは葬儀場だったからね。親父が美枝子と呼んでいたから、てっきり美枝子だと思っていた。学校に出す書類なんかにも、ずっと美枝子って書いていたからね。それが、親父が死んだとたんに、違うっていうんだから。しかも、まだ骨になる前に。何でこんな時に？　と思ったよ。親父がなぜ「子」をつけて呼んでいたのか、よくわからない。子がついた方が、呼びやすかったから、としか思えないけどね。

ただ、違う名前で呼んでいた親父が亡くなったので、それを正したいっていう、おふくろの気持ちはわかるような気がするけどね。

ともかく、いわゆる後添えとしてきたおふくろは、それだけ遠慮をして暮らしていたということなんだろうな。そういう目に見えない気遣いが底流にある家庭だったような気がするね。

ほんとのおばあちゃん子

実の母「福江」が病気になって、入院してからは、オレは父の母親、おばあちゃんに育てられた。新しい母親が来ても、それは変わらなかったみたいだ。

おばあちゃんは、「ひろ」という名前だった。その「ひろばあさん」は、オレのことを母親を亡くした不憫《ふびん》な子、と思ってすごく可愛がった。ひろばあさんにしてみれば、息子夫婦が産んだ最初の孫を亡くしているから、多分、溺愛に近かったと思う。だから、オレはほんとのおばあちゃん子だよ。〝おばあちゃん子は3文安い〟なんていうけど、かなり安いかもしれないな。

おふくろにとってみれば、初めて嫁いだ家には、実母を亡くしたオレと姑がいる。苦労したと思うよ。さっきもいったけど、遠慮があったと思う。おふくろがオレに手をあげたことは一度もなかったからね。

父親も祖母も、それなりにおふくろに気を遣って、オレには実母のことは一切いわなかった。なんだか、みんなが気を遣って、かえってぎくしゃくする——そんな家庭だったのかもしれないな。

祖母と継母とオレの微妙な関係

気を遣っている割には、おふくろと祖母の折り合いが悪くてね。いつも喧嘩していた。この嫁と姑の諍《いさか》いは国領では有名だったよ。オレは、ふたりが争うと、必ず祖母の味方をした。あるいは、全く見ないふりをして、嵐が過ぎるのをひたすら待った。

オレは自分から壁を作っておふくろを寄せつけなかった。これは、心理的にはひろばあさんの存在が大きいと思うな。おふくろに寄り添えば、ばあさんを傷つけることが子供なりにわかっていたんだろうな。

腹違いの妹と弟ができると、おふくろと祖母の諍いはさらに激しくなった。祖母はオレに甘く、しつけもおふくろに任せようとしなかったのだと思う。オレは、そういう祖母の側に立つ。

小学生のころだと思うけど、一緒に風呂に入ろうとしたおふくろに水をぶっかけたこともある。反抗期の頃は、友達が遊びに来て、おふくろがなにかと世話を焼こうとすると、「あっちへ行ってろ！」と追い払ったりね。

「あんなこといって大丈夫なのか」と心配する友達もいたよ。

オレとおふくろと祖母――いってみれば心理的な三角関係だね。もしオレに実母の記憶がはっきりあれば、また違っていたかもしれないけれど、その記憶はない。だから、〝母親恋し〟の気持ちが歪んだのかもしれない。

そのため、この3人の関係はよけいに微妙になったといえるね。おふくろに対するわだかまりというか、まっすぐに向き合えない気持ちは、20歳ころまでは抜けなかった、という気がするな。

後年、オレが「徹子の部屋」に出て、自分には母親がふたりいた、といったことがあったんだ。そうしたら、おふくろは「テレビでああいうことはいわないで」と珍しくオレに文句をいったね。オレとの関係について、屈折した思いがあったんだろうな。今考えれば、もっと優しく接すればよかったと思うよ。おふくろにはかわいそうなことをしたな。今いっても、もう遅いけどね。

「思いつめるな」といい聞かせて

ただ、こういう自分の生い立ちを深刻に思ったことはなかったな。だから、グレることもなかったし、クサることもなかった。逆に、その生い立ちをバネにして、頑張るということもなかった。

そんなことにこだわっても仕方ないと思っていた。「気にするな」「思いつめるな」と、自分にいいきかせていたような気がする。

ただ、時々ふっと、自分にはどうすることもできない〝冷たい風〟みたいなものが、自分の背中を通り過ぎていく感じをおぼえた。今でも、何気ない時にふっと、〝虚しい風〟みたいなものを感じる時があるね。

これが実母の記憶がないことと、おふくろに懐かなかったことと、どういう関係があるかわからないけどね。

オレのことを、時々「冷めている部分がある」とか、「心ここにあらずみたいな時がある」という人がいるけど、それは、そんな時のことをいっているのかもしれないな。自分でも、時々その場とは全く別のことを考えていることがあって、「あれっ?」って思うことがあるからね。

「高田純次の電池切れ」とかいって、番組の初めにしゃべり過ぎて疲れてしまい、あとはげんなり、時には寝てる——みたいなことがよくいわれるけど、それとはちょっと違うと思うよ。あれは、ほんとに肉体的に疲れちゃってるんだ。年だからね。

電池切れとは違って、こんなところで何をしているんだろう、みたいな気分になることがあるんだな。

オレは多分、多重人格の持ち主かもしれない、なんてね。でも、大したことではないよ。生きることの虚しさなんて、誰でも時々は感じるものだからね。

おふくろには、素直に向き合えなかったけれど、オレにとっては腹違いの妹も弟も可愛かったよ。今でも仲はいいよ。おふくろは91歳になって、身体も弱ってきたけれど、今弟の家族と一緒に国領で静かに暮らしているよ。

異性に目覚めた時

異性というか、性に目覚めたのは、小学校4年の時。とても好きだった多恵子ちゃんという女の子がいた。とても美人でね。

オレは、好きになると、みんなにいっちゃうタイプ。誰が好きなのかを、友達にベラベラしゃべっちゃう。だから、友達にはよくからかわれたよ。

だけど、本人にはいえない。もちろん、こちらから話し掛けるなんてとんでもない。要するに、オレは案外、シャイだったんだな。

その多恵子ちゃんと、ある日、図書館の掃除で一緒になった。掃除をしている多恵子ちゃんの後姿をみていたら、彼女のスカートの中から白い三角パンツがチラッと見えた。それが、すごく刺激的だった。その時、自分がオスであることを自覚したんだ。

彼女は、身体が柔らかくてね。平均台の上でUの字に反り返ることができるくらい。それをみて、すごいなあ、とさらに好きになっちゃった。以来、オレは体の柔らかい女性がタイプになった。今の女房と一緒になったのも、そのせいだもんね。ほんとだよ。

そして、オレにとって重要だったのは、彼女は体がやわらかくて、美人だったけど、勉強がイマイチだったこと。このバランスが良かったなあ。これも、後年のオレの好みになっているかもしれない。美人でも、賢そうな女性より、エッチっぽい女性がタイプ。どうでもいい話ですみません！

父親は東京ガスのサラリーマン

父親は清次といって、普通のサラリーマンだった。もう20年以上前になるけど、1991年（平成3年）4月に77歳で亡くなっている。長年、ガンに苦しんだ末だった。引き揚げ寮に入っていたくらいだから、軍隊経験者か関係者だったと思うけど、父親は何もいわなかったな。海軍だったのか、陸軍だったのかもオレは知らないよ。経緯はよく知らないけれど、父は東京ガスの社長や会長をした安西家か、その親戚筋に知己か縁があったらしくて、戦後に東京ガスに入って定年まで勤めあげた。

なんと11人兄弟の末っ子でね。ただし、長兄を除いて9人が若くして病気で亡くなったり、戦死したりしている。ただ、そのことは家では誰にもいわなかったけどね。

酒好きで人のいい男

お酒が好きで、パチンコも好き。景品をよく取ってきたけど、酔っ払うとご機嫌になって、近所に景品をばらまくような人のいい男だった。何かのお土産を京王線の電車内で、乗客に配ったなんていうこともあったらしい。

オレがまだ小学生だった頃、家ではテレビを買うか、電話を入れるか、かなり迷っていた。この時、親父がふだんとは違ってかなり賢明な判断をした。

「電話はどうせかけないし、かかってもこないだろう。テレビなら、毎日みんなで観られて楽しめる」といってテレビを買うことになった。

テレビを買ったのは、近所でも一番早かったと思う。学校から帰ると、テレビを見て過ごしたな。だから、学校のみんながまだ観ていないアメリカのドラマなんかを観ることができた。

この時は、親父は一家の長として、適切な判断をしたと思ったよ。ただし、電話を入れたのは、近所でいちばん最後になったけどね。

恐縮して火事見舞いのような挨拶

オレが女房と同棲結婚した時、これは両方の家にとって突然の出来事だったのだけれど、父親としての責任を果たそうと、女房の実家に挨拶に行ってくれた。

えらく恐縮して「どうも、このたびはとんだことになりまして…」と火事見舞いのような挨拶をしたらしい。いうべき言葉が見つからなかったんだろうね。けれど、女房の両親から好きな酒を進められて、ベロベロになって帰ってきたらしい。愛すべき人だったと思うよ。

オレには、「とにかく大学へ行け」といっていた。自分は大学に行けなかったので、無念な思いをしたのかもしれない。自分が果たせなかった夢を託したんだろうな。一浪した時は「どこでもいいから大学に行け」となった。

一浪でも失敗して、デザイナー学校に入った時は「なんでもいいから、卒業証書だけはもらえよ」になった。

オレも大学を卒業して東京ガスに入って、そこそこ出世するつもりだった。前にもいったけど、オレには組織内でこつこつ働いて出世する自信があったんだよ。親のいいつけは守らないといけないしね。

だけど、その期待を完全に裏切った。親父は残念だったと思うよ。東京ガスどころか、演劇という、真面目なサラリーマンだった親父にすれば、完全なアウトローの世界に行ってしまったからね。

オレが「東京乾電池」に入った時も、まともな仕事とはみなさず、芝居も一度も観にきたことはなかった。会社で働いて給料をもらって暮らす——それしか知らない親父には、オレがどうやって食っていくのか、全くわからなかったんじゃないかな。勘当されても不思議ではないけれど、そういう厳しさはない人だったね。

初めて憶えた四文字熟語——軽佻浮薄

親父はTBSテレビ系でやっていた「兼高かおる世界の旅」が大好きで、日曜日になると、だれよりも早く起きて観ていた。外国に行きたかったんだろうな。それとも、兼高さんみたいなタイプが好きだったのかも。

後年、オレがクイズ番組でもらったハワイ旅行を親父にプレゼントしたことがあった。その時は、ハワイの飛行場で首にかけてもらったレイを、ホテルの部屋でもしていたらしい。よほど嬉しかったのかねえ。

オレが10代の頃は、「純次は軽佻浮薄だ。改めろ」というのが口癖だった。だから、オレが初めて憶えた四文字熟語は「軽佻浮薄」だったよ。オレらしい話だよな。

あんまり何度も「軽佻浮薄」といわれるので、「そういうあんたはどうなんだ」と口に出かかったけど、さすがにいえなかったなあ。どう考えても、オレの軽佻浮薄は、親父のDNAを引き継いだとしか思えなかったんだけどね。

ただね、オレもこの年になって親父のことを考えると、昔とは違った心象風景がみえるようになったね。

親父は9人もの姉妹兄弟を失った家庭に育った。自分も長男を幼くして亡くし、さらに妻をも若くして失ってしまった。どんな思いを心に隠して生きていたのだろうか。どんな虚しさを抱えて生きてきたんだろうか。

人は何事もなかったように、日常生活を送っているけど、心の底には様々な悲しさや虚しさを押し隠して暮らしているんだよな。親父もそうだったと思うよ。男はつらいよね。

今となっては、もう不可能だけど、親父とそんな話をしんみりとしてもよかったな、と思うよ。

いい古された言葉だけど、孝行したい時には親はなし――というのは本当だね。

「ワイツ伯父さん」に絵の手ほどき

父親の長兄で「高田和逸」という伯父がいた。11人の兄弟姉妹の中で、父とともに、最後まで生き残った人だった。「和逸」と書いて、正式には「かずはや」と読むらしいけど、親父もオレたちも「ワイツ伯父さん」と呼んでいた。

この人は、戦前は左翼運動に参加した人で、西尾末広らとともに労働運動もしていたらしい。1920年代に労働運動・農民運動の指導者として知られた下中弥三郎や山本懸蔵らとともに「労働週報社」を創立。「無産政黨の沿革・現勢」などの本に、著作者として名を連ねている。

この伯父さんが戦後、埼玉県桶川市の公民館長になり、そこで子供たちに絵を教えていた。オレも夏休みに、この「桶川のワイツ伯父さん」の所に行き、絵の手ほどきを受けた。

もともとオレは絵を描くのが好きだったけど、伯父に教えられてさらに上手くなったといえる。

交通安全ポスターや市の展覧会に応募しては何度も入賞した。友達からは「純ちゃんは絵が上手」といわれた。オレも自分の絵は、他の子よりはるかに上手だと思うようになった。まあ、いってみれば、根拠のある自惚れだね（笑）。

後年、美術系の大学を受けたり（みごとに落ちたけど）、デザイン学校に行ったりしたのも、こういう下地があったからだと思うよ。今でも絵を見るのは好きだよ。

そういう意味では、ワイツ伯父さんの影響は大きかったと思うね。

今でも、オレの夢はグラフィックデザイナーになることだからね。勉強をし直してもう一度、チャレンジと思っているけど、ちょっとだけ、遅いかな。

● 第3章

挫折、挫折の青春時代

まず高校受験に失敗

親父に「軽佻浮薄な純次」といわれたけど、小・中学校の成績は悪くなかった。自分でいうのもおかしいけど、調布第二小学校でも調布第三中学校でも〝勉強ができる子〟の部類だった。〝神童といわれた〟なんて書いた本もあるけど、それはオーバーだね。

絵を描くのが好きで、マンガの真似をしたり、鞍馬天狗を描いたりしていた。石原裕次郎や小林旭の似顔絵を描いてクラスの友達を喜ばせていたという記憶もある。

親父がテレビを早く買ってくれたおかげで、学校の友達がまだ観ていない番組を観ることができた。だから、翌日そのテレビの話を自慢げに話したり、「赤胴鈴之助」や「事件記者」に出ている俳優の真似をしたりね。

それから、「ララミー牧場」や「ローハイド」の主題歌を英語で歌って友達を感心させたりした。そういうのは、今のオレをほうふつとさせる？　そうなのかなあ。

まあ、どちらかといえば、軟派系の子供だったたよ。

小・中とも成績は良かったのに

明るくて、よくしゃべってクラスのみんなを笑わせるような子供だったと思う。「思う」と自信なげにいわざるを得ないのは、「全く目立たない、特徴のないヤツ。ごく普通の子供だった」という友達もいるからだ。

評価が一定しないのは、やはりオレに多重人格的なところがあるからだろうか。

いずれにしても、学校の成績は良かったたよ。小・中と同級生だった桜井克彦《さくらいかつひこ》君も「高田は小学校でも優等生だったし、中学校ではクラスで2番くらいだったかな」と証言しているからね（山中伊知郎著「高田純次☆祭り」）。

桜井君にとっては、オレはまじめな優等生タイプに映っていたらしく、「テレビの適当男・高田純次は、本当の高田ではない。僕が知っている高田はまじめで一生懸命な奴だ」と今でも思っているらしい。

ただ、別の見方をする友達もいる。中学の同級生で、現在も地元・調布でスナック「ポセイドン」のマスターをしている有山三千雄《ありやまみちお》君は、中学卒業後もオレの遊び友達だったが、彼にいわせると、〝高田は手のつけられない女好き〟となる。

ある夏の日。隣町の盆踊りに遠征してナンパすることになったんだけど、いくら声をかけても空振りの連続。もう頭にきたオレは、断った女の子に抱きつこうとした。有山君たちに取り抑えられてことなきを得たが、以来彼はオレのことを「病的なまでの女好き」と思っているようだ。

「もてたい」が唯一の関心事

まあ、真面目で普通の高田も真実だし、女好きの高田も本当だと思うよ。人間は両面性があって複雑だからね。付き合う友達によって、引き出されるものも違ってくるよね。

桜井君が真面目で、有山君が女好きだって、いっているわけだけどさ。気にしない気にしない。とにかく、ふたりとも嘘はいっていないと思うよ。

中学から高校にかけてのオレの唯一ともいっていい関心事は、女の子にもてたい、ということだった。しかし、どうすればもてるか、という戦略はなかった。勉強で一番になるとか、スポーツで目立つとかね、方法はあったと思うけど、そういう努力はしなかった。

元々、何か目標を定めて努力するということが苦手な方だった。「精進」なんて言葉は、今でも好きじゃないからね。

だから、オレは女の子に好かれたくて、うわべだけをせっせと磨いていた。「高田君はカッコイイ」なんていわれると、天にも昇る気持ちになったけど、それだけだったな。要するに、本当にもてるところまではいかなかった。

国立高校に落ち、府中高校へ

高校受験の時は迷うことなく、国立《くにたち》高校を受験した。当時（1962年＝昭和37年）は都立高校の全盛時代だったのかな。日比谷高校がトップで、東大に毎年150人以上入っていたと思う。都下というか多摩地区では、一番が立川《たちかわ》高校で二番手が国立高校だった。今ではこの位置関係は逆転しているらしいけど。オレは自信を持って国立を選んだ。立川を受けるというのは、ずうずうしいかなと思ってさ。

ところが、見事に落ちてしまった。ショックだったね。自分では受かると思っていたし、先生もまあ大丈夫だろう、っていっていたからな。近所でも「純ちゃんは勉強ができる」といわれていたから、落ちて恥ずかしいという思いもあった。

国立に落ちて、都立高校に行けなくなったかというとそうではなかった。当時の都立高校の合否には2段階あって、第一志望には不合格でも、成績が一定の合格ラインに達していれば、別の都立高校に入ることができた。

合格者が定員に満たない都立高校がいくつかあって、第一志望の不合格者は、その中から高校を選んだり、振り分けられたりした。合同選抜制といっていたように思う。オレは、この制度を利用して府中《ふちゅう》高校に入った。内心の鬱屈《うっくつ》はあったけど、まあ、とりあえずは都立高校に入ったということで、家族には最低限の面目が立った。

「国領のニワトリ」

府中高校は、有名な府中刑務所の裏。道を一本隔てたところにあった（今も）。3億円事件は、直ぐ近くで起きており、オレたちの世代はみんな捜査の対象になったはずだよ。

府中高校時代は、ひと言でいえば楽しかったな。できたばかりの高校で、第一志望で入ってきた奴はほとんどいなかった。みんな立川とか国立を落ちて入ってきた奴ばかり。ひとつ間違えば（この違いは大きいけどね）、第一志望に入っていたわけだから、頭のいい奴もいたし、個性的な奴もいたな。

オレの周りで、府中高校が第一志望だったのは児玉仁《こだまひとし》君くらい。だから、よく児玉君をからかったっけ。でも、その彼も大学を出て一級建築士になったから、彼もそれなりに優秀だったということかな。

第一志望に入れなかったことをバネに、今度こそと勉強を頑張る同級生もいた。東京水産大学（現・東京海洋大学）に入って、後に長野県の水産試験場の場長になり、淡水魚の研究で博士になった本西晃君《もとにしあきら》はその典型で、よく勉強していたな。授業中に話し掛けたりして、彼に「静かに！」とたしなめられた奴はいっぱいいたよ。

オレはそういうことをバネにしないタイプだから、特に勉強を頑張ることはなかった。サッカー同好会や天文同好会など5つくらいの同好会に入って、よく遊んだな。だから、成績は真ん中ぐらいか、もうちょっと下だったかもしれない。

高校生のくせに、よく麻雀もやったよ。麻雀は好きだった。オレは、しゃべりながらやるタイプ。とにかく黙っていない。麻雀に勝つための手でもあるんだけれど、これがほかの3人にはうるさかったらしい。同級生で麻雀仲間の遠藤正毅《えんどうまさき》君は後年、こんな風にいっていた。

「高田とは僕や島田のうちで麻雀をやった。高田はうるさいうえに負けず嫌いなタイプ。負けているとやめようとしない。〝もう半ちゃん、もう半ちゃん〟といって、続けさせる。

ほかの3人がげんなりしているのにね。だから、朝方までやることになる。高田は朝方になってもうるさいので、〝国領のニワトリ〟とあだ名をつけてやった」

そうだった。オレに「国領のニワトリ」というあだ名をつけたのは遠藤君だ。幸い定着はしなかったけどね。彼は山下設計という老舗の設計事務所で今も技術顧問をしているよ。彼はオレとは比べようのない純情派。高校の同級生と恋愛し、そのまま結婚もした。

あとの雀友は、長島帥武《ながしまおさむ》君と島田《しまだ》（現・溝口《みぞぐち》）明範《あきのり》君。長島君はこういっていたらしい。

「高田の麻雀は確かにうるさかった。負けている時はしつこかったけれど、勝っている時は全く逆で、緊張感なし。コックリ、コックリ居眠りしながらやっていたこともあったよ。『高田、起きろ！』というと、真っ赤になった大きな目をぐるぐる回して、『起きてるよ！』なんていっていた。あのころから面白かったな」

長島君は接着剤で名を知られたボンドを作っている小西という会社の監査役を最後

に引退して、今は悠々自適。毎日、家の近くの井の頭公園を散歩しているらしい。

島田君は親が医者で彼も精神科の医者になった。静岡市の溝口病院という大きな精神科病院の娘さんと結婚、後を継いで、院長兼理事長をしている。忙しい身だけど、同期会をやると必ず静岡から出てきて、最終の新幹線で帰っていく。相変わらず律儀でいい奴だよ。

彼はオレについてこういっていたとか。


「高田とは、受験勉強と称して徹夜麻雀をよくやった。高校を卒業してからも、つき合いは続いた。彼は基本的には真面目な男だと思う。自分の将来のことを真剣に考えていたよ。家庭がちょっと複雑だったから、気の毒だったかな」


まあ、遊び友達には恵まれていたな。だから、府中高校は面白かったし、楽しかった。今思い出しても、あのころが一番良かったと思うな。

府中高校の同期会は年に1回のペースでやっているよ。寺田《てらだ》哲也《てつや》君がいつも幹事役をやってくれる。さすがに全員出席というわけにはいかず、どちらかといえば、同期有志会みたいな形だな。オレは仕事が許す限り毎回出席している。

66歳を超える年ともなれば、みんなそれぞれだな。定年を迎えて引退した奴もいれば、まだ働いている奴もいる。さっき紹介した長島君は、近くの大学の社会人講座で日本史の勉強をしているというし、本西君のようにまだ現役で、多摩川をアユやマスが棲めるきれいな川にしようと、水の中に入って様々な調査をしているのもいる。高柳光男《たかやなぎみつお》君というのは農芸派。彼は結構な広さの畑を借りて野菜を作り、レストランや中華料理屋に野菜を卸すという本格派だ。作業中にケガをして一時はやめていたけど、また再開している。彼とは卒業式の日に、高校生には禁止されていた喫茶店に、晴れて一緒に入った仲。行ったのは吉祥寺の「古城」だったかな。懐かしいな。

文化祭で落語を一席

話を元に戻そう。

オレは遊び仲間の間では目立っていたかもしれないけれど、学校ではそんなに目立つ存在ではなかったと思う。時々、ひょうきんを演じて皆を笑わせたりしたけど、オレは自分のことをひょうきん者とは思っていなかった。内向的というか、どこか冷めている部分があるのを自分でも感じていたから。

テンションが高そうで実は体温が低い、そんな感じかな。これはひょっとして、オレの生い立ちからくるものかもしれない。オレは母親の温もりというものを知らないからな。だから、実は心の体温が低いのかもしれない。

ただ、みんなで楽しくワイワイ過ごすのは好きだった。2年の文化祭ではクラスで喫茶店を開き、教壇に高座を作って浴衣を着て落語を一席ぶった。オレは落語同好会にも入っていたからね。

VANの紙袋を持って

3年生になった年（1964年＝昭和39年）の4月に「平凡パンチ」が創刊された。団塊世代を中心に若者のファッション情報や風俗を扱った週刊誌で、2年後には100万部を突破したというから、すごい勢いだったね。

ちょうど10月には東京オリンピックが開かれるというので、高速道路ができ、新幹線が開業するなど日本中が熱気に包まれていた。

この平凡パンチとともに、若者の憧れの的だったのが「VAN」だった。石津謙介という人が興したアパレル企業で、アメリカのアイビーリーグのファッションを日本に紹介して、圧倒的な人気を得た。

コットンパンツに、ストライプやチェックの半袖ボタンダウンシャツというスタイルで街を闊歩《かっぽ》する。銀座のみゆき通りにそういう若者たちが溢れて「みゆき族」といわれた。

VANには特別な紙袋があって、それを持って歩くのが流行った。その紙袋を持っていないと、みゆき族とは認められなかった。

実をいうと、オレも平凡パンチの愛読者でVANの信奉者。平凡パンチを毎週のように買って読み、もちろんVANの紙袋も手に入れて、持って歩いた。もちろん、銀座のみゆき通りにも行ったよ。

ある時、友達2人と勇んで銀座へ行ったら、「MEN'S CLUB」という雑誌に写真を撮られた。あとで雑誌を買ってみたら、「銀座のアイビーたち」というタイトルがあった。さて、どんな風に写っているのかな、とわくわくしながらみた。

そうしたら、友達2人は写っているんだけど、オレは足しか写っていなかった。あんなにがっかりしたことはなかったな。雑誌に抗議しようかと思ったよ。

VANの紙袋は高校にも持って行ったと思う。同級生の児玉君は「高田というと、VANの紙袋を大事そうに持っていたのを思い出す」といっているくらいだから。

パンチの2年後に創刊された「週刊プレイボーイ」もよく買った。そのヌードグラビアは、まぶしかったなあ。正視できなかった。人前ではね（笑）。ひとりになって、穴のあくほどみたね。

あと、映画はよく観た。映画雑誌が毎号、試写会の参加者を募集していて、はがきを出すとほとんど当たってね。週に3回くらいは観た。「俺たちに明日はない」、「女と男のいる舗道」「シェルブールの雨傘」とか、しゃれた雰囲気の映画が好きだったな。「女と男の…」のアンナ・カリーナはきれいだったなあ。

大学受験にも失敗

そんな高校生活だったから、勉強はあんまりしなかった。ラジオの深夜放送を聴きながら受験勉強をしたつもりでいたけど、あれはラジオを聴くのがメインだったな。実のある勉強はできなかったと思う。でも、何とかなるだろう、と思っていたんだから、甘いね。

18歳と19歳の春は、オレにとっては地獄だった。今振り返っても、オレの人生を左右したのは、大学受験失敗だったと思う。大きな転機というか、人生の方向が決まってしまった。思わぬ方向にね。

受けた大学は軒並みアウト

自分では、親父のいうように大学に行って、東京ガスに行ければいいけど、行けなくてもサラリーマンになって、地道に働くつもりだった。ところが勉強が足りないものだから、受けた大学は全部落ちた。高3の時はサラリーマンになるつもりで中央、明治、法政、青山学院、成城…といくつも受けたけどダメだった。

一浪の時には東京芸術大学、武蔵野美術大学、多摩美術大学、日大芸術学部などの美術系の大学はじめとして、他の大学も受けたけど、とにかく全滅だった。美術系を受けたのは、グラフィックデザイナーになりたかったから。絵が得意だったから、絵描きは無理としても、グラフィックデザイナーはかっこいいと思ってね。ダメなら、サラリーマンと思っていたけど、両方ダメだった。

あまりにショックで目の前が真っ暗になった。親父の期待も裏切ったし、なまじ「勉強のできる純ちゃん」と思われていたから、世間体が悪くて恥ずかしくてしょうがなかった。おふくろは何もいわなかったけど、その沈黙がオレにはかえってつらかった。

なんで自分だけこんな目に遭わなければならないのか、とヤケ気味にもなった。お先真っ暗。何かをやろうという気力が全然なくなった。もう1年頑張るという方法もあったと思うけど、もうその気力が残っていなかった。

高校の同級生で、同じ浪人仲間の佐々木《ささき》和夫《かずお》君は、やはり受験に失敗して日本にいるのが嫌になったのか、日系人の知人がいるからといって、カナダに旅立っていった。彼とは親父の紹介で、東京ガスで一緒にアルバイトをするなど、仲が良かったんだ。

それだけに、オレは取り残されたような気持ちになったけど、仕方なく、ほとんど無試験でお茶の水にあった東京デザイナー学院のグラフィックデザイナー科に入った。好きだった絵に関わる学校というのが選んだ理由だった。

4年間のはずが、半分になってしまったけれど、とりあえず、社会にでるまで2年間は猶予ができたという感じだった。

カナダに行った佐々木君は、その後バンクーバーで日本航空に入社、定年まで働いた。今は、奥さんとふたりで、世界中を旅して、時々は日本に立ち寄る。必ずオレに連絡してきて会うけれど、お互いに顔を見合わせて「年取ったなあ」といい合っているよ。

３度目の挫折を恐れて

親父のオレに対する注文は、当初は「ちゃんとした大学に行け」で、次には「どこでもいいから大学に行け」になり、最後は「なんでもいいから卒業証書はもらえ」になったのは、すでに紹介した。

当時は、デザイナーの世界では横尾忠則氏がオレたちのカリスマだった。ほかに、粟津潔氏、宇野亜喜良氏、伊坂芳太良氏らがいた。デザインを目指す奴はたくさんいて、〝石を投げればイラストレーターに当たる〟といわれたほど。

だけど、デザイナー学院を出ても、グラフィックデザイナーとして食っていけるとは、さすがに楽天的なオレも思ってはいなかった。

でも、せっせと学校に通った。欠席はしなかった。卒業証書が欲しいというよりも、学校に行けば、愉快な友達に会えるというのが、主な理由だったけど、本音をいうと、ここでまた落ちこぼれるのが怖かったのだと思う。

高校受験に失敗、大学もダメ。仕方なく入ったデザイナー学院も落伍したとなると、自分の人生はいったいどうなるのかと、すごく不安だった。親父のいいつけを守る、というよりも、最低限これをクリアしないと、ダメ人間になると思ったんだな。

デザイナー学院の卒業証書はゲット

自分の人生を何とかしなければ、という気持ちは強かった。2年の夏休みには、自分探しの旅と称して、中古のバイクを買って日本1周を試みた。

まず手始めに、東京から北海道へ行った。最初は順調だった。景色はきれいだし、自然は雄大だし、知り合いもできる。この旅を成し遂げれば、なにがしかの達成感が生まれて、オレにも自信がつきそうな気がした。

ところが、屈斜路湖《くっしゃろこ》の近くで、アクシデントでバイクが故障。仕方なく、関西の大学にいた島田君の下宿に転がり込んで、そこで自分探しの旅も終わった。また中途半端に終わってしまい、心残りがする夏休みだった。

秋からまたデザイン学校に通った。仲間はほとんど落伍した。最後まで通い、卒業証書をもらったのは100人中、オレを含めて4人だけというありさまだった。

オレは同じように仲間と遊びながらも、横尾忠則氏の著作をほとんど読んだし、卒論代わりの卒業絵画も提出した。5000円を払うと、提出する資格が得られるというもので、決められたサイズの絵を提出した記憶がある。ほとんど無審査で卒業証書はもらえた。

この真面目ぶりはきっと、いつもつるんで遊んでいた仲間には意外だったと思う。嫌な奴だと思われたかもしれない。デザイナー学院の仲間は、ほとんどちりぢりになった。でも、数は少ないけれど、今でもつき合っている奴はいるよ。

その中のひとり、駒崎且郎《こまざきかつろう》君は、自分で本も書くし、編集・制作もするという多彩な才能の持ち主。オレの本をプロデュースしてくれたこともあった。ライフセイバーもやるし、4年間かけてヨットで世界1周を達成するなど、知る人ぞ知る人だ。オレには貴重な友人だな。

演劇に目覚め、そして冷める

オレなりに真面目に勉強はしたけれど、ずば抜けた才能があるわけでも、特別に何ができるというわけでもない。大学を出てもいないので、電通や博報堂など一流の広告会社に就職できるわけでもなかった。

大学受験失敗の落ち込みをまだ引きずっていたので、自分に自信も持てていなかった。

ただ、その一方で、何に挑戦しても失敗する自分を、肯定する自分がいることにも気がつき始めた。

オレの人生は、しょせんこんなもの。焦ってじたばたするよりも、このあるがままのオレを認めてもいいんじゃないか。そんな気がしてきたのも確かだった。

これは、いわゆる開き直りというやつかもしれない。でも、そんな風に考えると、少しは気が楽になった。

自由劇場の「マクベス」に感動

東京デザイナー学院を卒業して、仕方なくというか、なんとなくというか、友達のいる写真会社でアルバイトを始めた。今でいうフリーターだな。仕事の内容は、自動車教習所に免許を取りにきた人の顔写真を撮るというもので、午後3時には終わるという簡単なものだった。

他にもアルバイトはやったけど、フリーター生活は、ある意味では気楽だった。この時期に、今の女房とも知り合うんだけど、この2～3年間は、大学とは違う貴重な猶予期間だったように思う。

ある時、小劇場で証明係りをやっている先輩（女性）から、芝居のポスター描きを頼まれた。デザインを勉強したのだから、それくらいは描けるだろうということでね。オレは喜んでポスターを描いた。題名は忘れたけれど、確か三島由紀夫の芝居だったと思う。

おまけに、その先輩から「芝居に出てみないか」と誘われて、なんと通行人の役で出てしまった。考えてみれば、これがオレの初舞台だった。もちろん人手が足りないためだったことはわかっていたが、舞台を踏んで、わくわくしたのを憶えているよ。

そのあと、その先輩に面白い芝居があるから観に行こうと誘われた。それが劇団「自由劇場」の「マクベス」だった。

自由劇場は、1966年（昭和41年）に演出家の串田和美《かずよし》氏、俳優の吉田日出子氏らが結成した劇団で、六本木のアンダーグラウンド自由劇場を本拠地にしていた。アングラという言葉は、この劇場から広がったといわれている。

50人も入ればいっぱいになる地下劇場に100人を超す観客が入っていた。すごい熱気だった。この時のマクベスは串田和美プロデュース作品で、串田、吉田、佐藤俊夫氏（後にB作）らが出ていた。もちろん、正統派のシェイクスピア劇ではなく、いわゆる〝アングラ・マクベス〟だった。

オレはアングラ劇を観たのは初めてだったけど、すごく感動した。すぐ目の前で俳優たちが汗だらけになりながら、熱演している。汗も唾も飛んでくる。圧倒されたね。人がこんなに懸命になれる世界があるのかと、感心した。そして、オレもこの熱気と、震えるような感動を巻き起こしてみたいと思った。

落ち込んでフリーター生活をしていたオレが初めて触れた〝燃える世界〟だった。１９７２年の４月のことだった。オレは25歳になっていた。

鍛えられた即興性――研究生になる

マクベスに感動して、「自分もこの世界に」と思っていたら、自由劇場が新人の研究生を募集しているという情報が飛び込んできた。

入学金は１万円、月謝はわずか３０００円。稽古は夜だけだから、昼間はバイトができる。オレは思い切って試験を受けてみた。

〝また落ちたらどうしよう〟という、不安を抑えての決断だった。

試験は面接と即興の芝居をちょっとやるだけだった。オレはかなり緊張していたらしく、一緒に受けた綾田くんにいわせると、「セリフの声も小さくて、しかもあがっていたのか、何をいっているのかよくわからない。あれじゃ落ちると思った」らしい。

でもオレは合格だった。オレにとっては初めての合格通知だったから、すごく嬉しかった。しかし、募集定員30人に対し33人が応募、落ちたのは2人だけで、オレはすれすれの合格だったことが後でわかって、またガックリきた。

これも後で知ったのだけれど、エモッちゃんは串田氏ら幹部から直接に声を掛けられて参加、イッセー尾形《おがた》くん（※）も特別に呼ばれていたらしい。いずれもオレや綾田くんら研究生とは違った形で、自由劇場に参加していたというわけだ。

オレは危うく、3回目の試験失敗をするところだったけれど、今度は、たとえすれすれでも合格には違いない。オレは25歳にして晴れて「演劇人の卵」となった。卵にしては、かなりひねていた。今の女房とすでに同棲、入籍もしていたしね。

実のところ、本気で芝居を目指そう、演劇人としてやっていこうと、思っていたかどうかは自分でも怪しい。とりあえず、燃えるものができたという感じかな。

でも、自由劇場のころは楽しく、充実していた。稽古はアドリブが中心でね。とにかく何よりもセンスのいい即興性が求められた。

研究生2、3人に対して「親子」「友達」「恋人同士」などという簡単な設定があるだけ。決められたセリフはない。あとは自分で考えたアドリブの応酬が求められる。

これが毎日続いた。

楽しかったな。これまでにない充実感をおぼえてもいた。ともかく、このアドリブ稽古が、今のオレを作ったともいえる。曲りなりにテレビの世界でやっていけたのは、この頃と東京乾電池で鍛えられた即興性のおかげだと思う。

ベケットの戯曲劇に挑むも…

研究生は1年後には一応、卒業することになっていた。残ってもいいし残らなくてもいい。オレは、どちらかというと串田、吉田の両幹部には買われていなかったので、自由劇場には残らなかった。

そして、演出家の森田雄三氏に誘われて、イッセー尾形くんらと劇団「うでくらべ」に参加した。

森田氏は「森田オフィス」を主宰、イッセー尾形くんのひとり芝居の共同制作者的な存在だけど、当時は自由劇場の演出家だった。串田氏に誘われて、後から劇団に入ったのだと思う。この森田氏がなぜかオレを買っていて、一緒にやろうということになった。

「うでくらべ」は彼が目指すサミュエル・ベケットの劇を舞台にのせた。彼がなぜかオレを前衛的な演技者とみなしたらしく、イッセー尾形くんと組んで、2人芝居ともいえる公演も行った。ベケットものばかりだった。

たとえば、「ゴトーを待ちながら」の5年後に初演された「勝負の終わり」という不条理劇。オレの役は盲目のコジキ風の男。その召使がイッセー尾形くん。ふたりがモノローグ風にぶつぶつとセリフをいう。コジキ風の男が何かを命じると、召使が文句をいいながらも、いうことを聞いてしまう。

何というか、希望もなく、ひたすら終焉を待つ、末期患者の終末的な雰囲気が漂う不条理劇だったな。これが森田氏の好きな世界だったね。

ただ、「うでくらべ」のベケット劇はうまくいかなかった。人形町の青少年会館などを借りて、入場料タダでやったにもかかわらず、いつも10人か20人しか入らない。それも、友人や親戚をかき集めての結果だった。

いつも観に来ていたベンガルくんは「面白い、面白くないというレベルではなく、全くつまらなかった」といっていたし、オレ自身も「こんなに反応が悪い芝居、ダメだよな」と思いながら演じたのを憶えているよ。

※イッセー尾形・本名・尾形《おがた》一成《かずしげ》。1952年、福岡市生まれ。父親の仕事の関係で引っ越しを繰り返し、高校は都立豊多摩高校卒業。自由劇場の舞台など

を経て、日本テレビの「お笑いスター誕生」の金賞受賞で世に知られ、テレビ、映画に出演。その後、森田雄三とともにひとり芝居のスタイルを確立。この分野では日本の第一人者となる。現在はフリーで活動。

芸術よりも生活

オレは、午前中はチリ紙交換のアルバイト、午後は「うでくらべ」の稽古にあてた。公演は10か月で3公演やったけれど、評価もされず、反響もない。敗北感と自己満足だけが残った。そして、「こんなことをやっていていいのだろうか」という疑問が、ふつふつとわいてきた。

森田氏が目指す演劇というのは、多分オレには向いていなかったのだと思う。彼がどのように評価しても、オレには無理だと思っていた。その理由は、観客の反応がない、感じられない、ということだと思う。

オレは、根っからの小心者というか、気が小さい方だから、演じていて観客の反応がないと、不安になってしまう。これでいいんだろうか、と迷ってしまう。そして、芝居に疑問を持ってしまい、その結果、こんなことしていていいのだろうか、と思ってしまった。

女房が日舞の師範免状を持っていたので、踊りを教えて収入を得たり、店員をしたりしてくれていたので、何とか生活はできた。でも、カネがなく、着たい服も、読みたい雑誌も本も満足に買えない生活は、それなりにみじめだった。打ち込む対象、燃えるものがあれば耐えられるのだけれど、ベケット劇には疑問があったし、自信もなかった。それで、この生活に終止符を打たなければならないと思い始めた。

「芝居を辞めたい」というと、仲間からは反対され、非難され、さんざん罵倒もされたが、オレの決意は変わらなかった。

自由劇場のマクベスに感動してから2年足らず。オレはまた人生の方向を変えた。今度は、生きていくために、何としてもまっとうな仕事を見つけようと思った。これまでのようなバイトではなく、手に職をつけようと思った。

今振り返れば、オレは初志貫徹とか、持続性という言葉とは無縁な男なのだと思う。気持ちが乗ると、どんどん突っ込んで行くけど、気持ちが乗らないと、「こんなつまらないもの」「何やってんだろ」と思ってしまう。いったんそう思うと、方向を転換するのは平気。ためらいもない。そういう意味では、非常に自己肯定的なんだろうね。

思うに、人はいつもベストの道を選択できているわけではない。だから、心に陰りが生じたり、疑問を持ったりする。そういう時に、自分が納得のいく軌道修正がきちんとできるかどうかが肝心なんだと思う。

オレは、挫折や失敗を重ねて、他人からみれば、あっちへ行ったり、こっちへ行ったり、ふらふらしているようにみえたと思う。いってみれば軌道修正の連続。だけど、オレなりに心をきめて、いつもよりよい軌道修正をしたつもりではいたんだ。

この時、芝居を辞めたのも、自分なりに納得のいく道を選んだつもりだった。同棲していた女房とも籍は入れたし、生活するということと真剣に向き合わなければならないと、考えた。この時は「芝居より生活」だったんだ。

だけど、その後また軌道修正して、芝居の世界へ戻るわけだから、オレって奴は自分でもよくわからないよね。

●第4章 地道に暮らす

妻とのこと

手に職をつけて、地道に生活しようと思ったのには、同棲から入籍へと進んだ女房の存在が大きかったな。やはり、男としては女房を路頭に迷わせるわけにはいかない。どんなことをしてでも食わせる、という気持ちは強かった。オレは、平成の無責任男とかいわれるけれど、家族とくに女房に対する気持ちは真面目だからね。これ、ほんとだよ。

女房はオレの人生にとっては最も重要な人。だから、わが女房について、少し語っておこうかな。でも、下手なことをいうと殺されるので、そこは慎重にしないといけない。はっきり書いていないところは、どうか想像力で補ってね。

出会ったのは22歳の時

女房と出会ったのはオレが22歳の時。印刷会社でアルバイトをしていたころだ。彼女は1つか2つ、いや3つだったか（笑）、とにかくオレより年下なのは確かで、当時は貿易会社に勤めるOLだった。名前は勢子《せいこ》さん。

友達に連れられて、日本舞踊を観に行ったのがきっかけだった。断っておくけど、オレに日本舞踊の趣味があったわけではないよ。友達が「いい女を紹介するから」というので、いそいそと、ついて行ったんだ。

聞くところによると、彼女の実家は両国の鳥料理屋で、小さいころから日本舞踊をならっており、すでに若柳流の師範の免許を持っているということだった。

「すごい、下町のお嬢様だ」とオレの口説きモードにスイッチが入った。1か月後にまた踊りを観に行って、その時デートの約束をした。

3回目の時の彼女は、日舞の和服の時とは全然印象が違った。身長は165センチくらい。目が大きくて色白。しかも巨乳。それを強調するように、その時の服装はニットのサマーセーターにノーブラだった。

なぜノーブラとわかったかって？　そりゃわかるでしょう。ニットのセーターだよ。歩いたり、動いたりするたびにゆっさゆっさと揺れるのがみえるわけ。

巨乳好きのオレはコロリと参った。のちに「向こうがノーブラなら、こっちはフンドシいっちょうで行けばよかった」なんて冗談をいったけど、女房は「胸には自信があった」らしい。まあ、まんまと罠にはまったといえなくもない。

よく話してみると、さっぱりとして素直な性格。おまけにというか、なにはともあれというか、バスト90だから、いうことなし。オレはすっかり気に入ってしまった。で、その日どうなったか、豊かなバストに触れたのか、触れなかったのか、もう忘れちまったよ（笑）。今度、女房に聞いてみるかな。いや、そんなこと聞いたら、蹴っ飛ばされちゃうな。

彼女と出会う以前やその間に、女の子との付き合いがなかったわけじゃない。デザイナー学院に通い始めたころから、〝ナンパの純次〟とか〝女好き純ちゃん〟といわれていたから、女性関係は豊富な方だったかな。

でも、それらの詳しい話は、今回は概ねカットだね。若い時は恋愛もするし、ナンパもするよ。時に無茶をして、自分も傷つき、相手を傷つけたこともあった。今考えると、ただただ恥ずかしい。そしてちょっぴり懐かしい。

中野のアパートで同棲、結婚

付き合い始めて1年半ほどたったころ、オレは中野にアパートを借りた。部屋があれば女の子と付き合う時に何かと便利だからね。

デザイナー学院に通っていたころも、代々木八幡に、アトリエと称して友達とふたりでアパートを借りたことがあった。あの時は二股をかけて大失敗をしたっけ。本命ではない女の子をアパートに連れ込んだのはいいけど、そこに本命が来ちゃった。本命はびっくりして逃げるようにして帰って行き、おれは追いかけて様々に弁明を試みたけど、結局はダメだった。連れ込んだ方とは、そのあとも少し付き合ったけど、自然消滅的に別れたね。

この話は、すでに本（『多面人格のすすめ』）に書いてある。多分女房も知っているから、大丈夫だと思う。しかも、女房と知り合う、ずっと前の話だったと思うよ。確信はないけど、そういうことにしておこう。でも、いい話ではない。反省しています。しないはずの話をしちゃったな。話を元に戻すと、中野にアパートを借りてしばらくたったころ、

「きょう、そっちに行ってもいい？」と勢子さんがきく。

オレはてっきり、「今晩行くわ」という色っぽい意味だと思っていたら、彼女は兄貴が運転する軽トラックに家財道具を積んで引っ越してきた。

「うひゃー」と思ったけど、ダメだともいえないし、そのまま同棲生活が始まった。

それから1年ほどしてまた彼女がいった。

「ねえ、籍を入れてきてもいい？」

「きたか！」と思ったけど、これもダメなんていえないよね。

「いいんじゃないの」とかいって、婚姻届に判を押したら、彼女は区役所に出かけて行って届を出した。かくして彼女は高田勢子になった。

これがオレたちの結婚。式は挙げていない。高校の同級生にいったら、居酒屋でささやかなパーティーをやってくれたよ。それだけだった。

同棲といえば、世の若者に同棲が流行るのは、それから2、3年あとだよね。マンガ「同棲時代」とか、歌の「神田川」が流行って、同棲が市民権を得るのは1973年（昭和48年）ごろ。だから、オレたちは時代の先端の先端をいっていたことになる。だけどさ、世に流行った同棲は、大学を卒業したり、社会に出たりすると、別れてしまうのが一般的だった。オレの場合は、曲がりなりにも結婚へと進んだわけだ。なぜだろう。やっぱり、愛し合っていたんじゃないのかな。

たまには臆面もなく、こういうことをいっておかないとね。ふふっ。

『ゴメンね、ありがとう』

以来40年余、女房とは大きな変事もなく、なんとか無事に暮らしてきた。子供もふたり生まれて、無事に育ててくれた。浮気をしなかったとはいわないけれど（いっても絶対信用してくれないよな）、女房には感謝しているね。

次章で書くことになるけど、せっかく順調にいっていたサラリーマン生活を、彼女に相談もせずに辞めてしまった。アルバイトに精を出したけど、乳呑児を抱えた女房に、心配をかけ、カネの苦労をさせてしまったのも事実だね。

20歳を過ぎてからの彼女の人生は、オレとともにあった。彼女の青春をオレが奪ってしまったともいえるね。だから、オレが死ぬ時に、彼女に何かひと言いうとすれば、『ゴメンね、ありがとう』だね。

ありがとうだけではすまない。「ゴメンね」を添えないといけないな。


今の勢子さん？　とっても元気だよ。サッカーが好きでさあ。それもプレミアリーグとか、スペインリーグとか、外国のゲームしか観ないんだ。すごく詳しいよ。深夜から観ていて、そのまま寝ちゃうことがあるけど、そのテレビを消して毛布を掛けてやるのがオレの仕事だね。

宝石の卸会社に就職

さて、手に職をつけると思いたった時、とにかく、資格を取るのがいいと思った。それで国家試験のガイドブックかなんかを買い込んだ。資格にこだわったのは、高校の同級生の中に、医者や一級建築士などの資格を持っている奴が多かったからだ。彼らと同レベルの生活はしたいと思った。

宝石鑑定士になった

ガイドブックから見つけたのが宝石鑑定士。なんとなく現代的でかっこいいし、カネになりそうな匂いがした。オレにもできそうだし。それで、渋谷にある日本宝石学協会が運営している学校に通った。そこに1年ほど通って鑑定士の資格を取った。

ところが宝石鑑定士は国家資格ではなく、単に民間の団体が出しているだけだとわかった。不動産鑑定士や一級建築士、医者とは全然違うものだった。つまり、権威は全然ない。

またまたドジを踏んだわけだけど、この時は、神はオレを見捨てなかった。学校に宝石の卸会社からジュエリー・デザインのできる人を探しているという話があり、学校はオレを推薦してくれた。オレはデザイナー学院を卒業していたからね。それが役に立った。面接を受けてすぐに就職が決まった。少しの間は会社に通いながら、その鑑定の学校にも通ったと思う。

入った会社の名前は「トキモト」といった。台東区の御徒町にあった。明らかに「ミキモト」のパクリだと思ったけど、待遇は悪くなかった。入社してすぐの3月にボーナスが出た。初任給が15万円だったのに、20万円もくれた。ちなみに、そのボーナスは年に3回出た。

社名は別にして、いい会社に入ったと思ったね。だから、3年半勤めたけど、欠勤はなし。もちろん遅刻もない。残業も嫌がらずにこなしたよ。だから、入社して2年後にはデザイン室の主任を任されちゃった。部下はいなかったけどね。

任されたのは指輪のデザイン。デザイナー学院で学んだデザインの基本に、自分なりのセンスを加味して指輪を作ったけど、オレの指輪はおおむね好評だった。ほんとだよ。オレのデザインセンスをバカにしちゃいけないよ。

今は、横浜のキタムラのバッグのデザインをしているくらいだからね。これ、悪いけど自慢ね。たまには自慢していいでしょ。いつも謙遜ばかりしているんだから。

緩い検品で人気者に

もうひとつ、オレは営業マンや出入り業者、下請け業者に気に入られた。それには理由があったんだ。

会社には宝石の検品という仕事があった。この仕事は、いってみればかなり主観的な判断に左右されるものだった。

検品はふだん社長がやっていたけど、社長の検品はすごく厳しかった。100個のうち50個くらいは「素が入っている」「きずがある」などという理由で、どんどんはねてしまう。つまり、社長は職人的な目で検品をしていた。厳しいけど、立場上、仕方ないともいえる。

ところが、社長がいない時に検品を任されたオレは、厳しさより商売優先。はねるのは2個か3個くらい。意識的に緩い検品をしたわけ。

その理由は、商品はたくさんあった方がいい、半分もはねられたら、営業や下請けは仕事にならないだろうと思ったからだ。

必然的にオレが検品を担当する時に、商品を持ち込む業者が多くなった。彼らにとって、持ち込んだ商品がはねられるのは死活問題だからね。事前に電話をかけてきて「社長いる？　いないの。じゃ今から行く」なんて人もいたよ。

彼らにとって、オレはありがたい存在だったと思うよ。人に喜ばれるのは、いいことだよね。

実をいえば、こうやって営業や下請け、関連会社に恩を売っておけば、いつか独立した時に、オレの力になってくれるのではないか――そういう打算があったのも確か。オレって結構計算高いからね。

ともあれ、よく働いたおかげで、金銭的には楽になった。交通費はもちろん会社が出してくれるし、昼飯は、どういうわけか会社の女の子が作ってくれた。あまり遊びもしなかったので、カネは貯まるばかり。

2年ほどたった時には貯金が200万円台になっていた。1年で100万円以上貯まったことになる。今から40年ほど前の200万円だから、十分マンションの頭金になる金額だった。

「マンションを買おうか」「そうね」と女房と話し合った。

忘れられない「トキモト」の上司

「トキモト」で働いたお蔭で、オレははじめてまともな生活を送れるようになった。29歳になった年には長女が生まれ、オレは一家の主としての自覚を持ち始めていた。サラリーマンとしてのオレの生活は、経済的には充実していたと思う。

だから、「トキモト」には感謝の気持ちがいっぱい。特にお世話になったのは、オレの入社面接に立ち会ってくれた古田《ふるた》温哉《あつや》氏という人だった（同じ発音だけど、野球の選手じゃないよ）。古田氏は後に「トキモト」の社長になった人だけど、この人がオレに目をかけてくれた。

当時、会社ではパーマが禁止されていたけど、オレはパーマをかけたままにしていた。古田氏は「規則は守ってくれよ」といったが、実際は黙認してくれた。古田氏の目にはオレは図太い神経の持ち主と映ったらしい。「高田君はデザイナーよりも本当は営業向きだ」といわれた。

その理由が「相手のいうことを聞き流せる。嘘も適当につける」というのだったから、今思えば、古田さんは人を見る目があったと思うな。こういう人を慧眼の持ち主というんだよな。

社長も面白い人だった。確か「土岐《とき》」という名前だった。ほんとかどうか知らないけれど、土岐一族の末裔という話だった。だから「トキモト」といったんだよな。

この社長が大の車好きでね。シボレー、モナークといった外車を乗り回していた。

その外車の車磨きをオレにやらせて、毎月1万円の小遣いをくれた。

社長の目にも、オレは多少のミスや失敗にはめげない、図太い奴と映っていたらしく、「高田君は頼もしい。将来うちの幹部社員になってもらう」といっていたとか。

だから、「トキモト」を辞める時、社長はオレが他社に引き抜かれたと思ったらしく、気前のいい人だったのに、退職金をくれなかった。よっぽど、「退職金は？」といおうと思ったけど、辞める身でそれはさすがにいえなかったな。

その社長が亡くなった時、会社を辞めてすでに15年がたっていたけど、オレは葬儀に出席した。葬儀の間中、いろいろなことを思い出していたな。

失敗の連続で懐かしさよりも苦いばかりだった青春時代。束の間のサラリーマン時代、充実していたと思っていたその生活を捨ててしまったあの年の夏。

その時の決断は、今考えてもうまく説明ができないけど、オレの人生が大きく変わる節目となった。この方向転換のハンドルは、もちろん自分で切ったのだけれど、偶然という要素も大きな役割を果たしていたのも確かだった。

会ってはいけない奴らと会った？

1977年（昭和52年）、30歳の夏だった。

オレは初めて2週間の長い夏休みをとった。好景気のせいか、会社の業績もよく、古田氏が長期の休みを認めてくれたのだと思う。前半はゆっくりして、後半には家族連れで軽井沢のペンションにでも泊まって、避暑旅行といきますか、と考えていた。

その前に女の子と遊ぼうかとも。

巨乳の女の子を「ボルガ」に誘った

以前からちょっと気になっている女の子がいた。「トキモト」の下請けの会社の受付の子で、巨乳でエッチぽい顔をしており、オレの好みにぴったり。その子をなんとかデートに誘うことができた。

もちろん、下心満々。酔わせて口説こうというつもりで、新宿にある「ボルガ」という飲み屋に連れて行った。

「ボルガ」は今でもあると思うけど、当時は（今も？）食えない演劇青年や文学青年が、頭でっかちの演劇論や文学論を熱く語るような居酒屋だった。確か、吉行淳之介氏や寺山修司氏がよく行く店として知られていたと思う。

安い店だけど、ようするに文化人が集まるような店で、オレとしては、こういう雰囲気を女の子に味わわせれば、インテリっぽくて口説きの援護射撃になる、と目論んでのことだった。

妻も乳呑児もいる身なのに、なんてことをやっているのか。そう自分でも思うけれど、これがオレの本性の一端であることも確か。中学の同級生、有山三千雄君が「手のつけられない女好き」と評したのも納得できる。

オレは、暇やカネができると、遊び心がむくむくとわいてきて、女の子を口説きたがる。スケベ心がわいてくる。男は、みんなそうなのかもしれないけれど、オレの場合は特にひどいかな、と自分でも思ったりする。

「高田の女好き、特に巨乳好きは、幼い時に母親のぬくもりを知らないから、そういう記憶もないからじゃないか。ようするに、マザーコンプレックスの表れなんだよ」

と、Yは分析した。

そうかな? 男はみんな女の子が好きで、巨乳も好きなんじゃないの。幼児期の体験は関係ないと思うな。大体、編集者という人種は、知ったかぶりをするからね。信用できないよな(笑)。

昔の仲間とばったり

女の子を連れていった「ボルガ」はいつも込んでいて、この時もしばらく入り口で並んで待たされた。その行列の前の方にいたのが、なんとエモッちゃんとベンガルくん、それから顔見知りの演出家だった。彼らがオレに気づいて声をかけてきた。偶然の出会いだったが、みんな自由劇場の時代に知り合った奴ばかり。エモッちゃん、ベンガルくん、綾田くんの3人は前年に「東京乾電池」という劇団を旗揚げしていた。

「一緒に飲もうか」「いいよ」ということになったが、しばらくすると、イッセー尾形くんと一緒にやった「うでくらべ」時代の仲間がやってきた。彼はその後、「文学座」の研究生になったということで、彼も演出家と一緒だった。

彼らは、オレが連れている巨乳の女の子をチラチラ見ているが、みんな演劇関係者だから、話すことは公演や劇団、芝居のことばかり。もちろん、みんなまだ無名だったけれど、情熱は人一倍で、特に柄本・ベンガルコンビは、1年365日演劇論を戦わせていたというぐらいの議論好きだった。

この時も芝居の話を熱っぽく語り続けて飽きない。オレと巨乳の彼女は、彼らの話に入っていけない。黙って聞いているだけとなった。

みじめな疎外感を味わって

この時、「じゃあ、これで」といって席を完全に分けるか、自分たちだけ別の店に行けばよかったのかもしれないけれど、彼らの話を聞いているうちに、オレは彼女にも、その巨乳にもすっかり興味を失ってしまった。

そして、疎外感というか、今の自分が恐ろしくみじめに思え始めた。彼らのように、熱く語れる、燃えるような仕事を自分はしているか、心の底から納得のいく仕事をしているのかと。

宝石会社に勤めて、そこそこの収入はある。子供も生まれ、女房も満足している。しかし、オレは本当に自分のやりたいことをしているのだろうか、ただ単に、女房と子供を養っているだけではないのか――そんな風に考え始めてしまった。

燃えている彼らが妬ましく、自分がみじめに思えた。

周りの風景が急に色あせる、というのはああいうことをいうのだと思う。さっきまで、女を口説くぞと張り切っていた自分が急に恥ずかしくなり、巨乳も、はちきれんばかりのヒップも単なる肉の塊と化し、どうでもよくなった。飲み代とホテル代に当てようとしていた懐のカネもなんだか薄汚く感じられた。

オレはすっかり落ち込んで、女の子を早めに帰して、自分もしばらくしてボルガを後にした。彼ら昔の仲間との偶然の出会いは、順調でそれなりに楽しく、とりあえず満足していたサラリーマン生活に大きな穴をあけてしまった。

もちろん、彼らには何の責任もない。問題は心にぽっかりと空洞をあけた、自分自身の心のありようだった。

心の空洞に魔がさした

実は、彼らが東京乾電池を旗揚げした時、オレも誘われていた。その時は、「今さらそんなことできるかよ。女房も子供もいるし、働いてもいるし」といって断った。

ただ、旗揚げ公演は観に行った。女房も一緒だったと思う。その芝居は、オレが観る限り、面白くもおかしくもなく、大コケだった。3人には悪いと思ったけど、「やっぱり、やらなくてよかったな」と女房と話し合って帰った記憶がある。

だから、自分では納得して芝居を離れたつもりだった。しかし、心に空いた穴は、けっこう大きかった。きっと、多少生活に余裕ができたので、「これでいいのか」「一生、この生活でいいのか」という疑問がわいてきたのだと思う。その自問のナイフが自分に大きな穴をあけてしまったということだ。

今考えると、演劇、芝居はオレが一番やりたかった仕事ではない。本当になりたかったのは、グラフィックデザイナーだった。それなのに、なぜ、エモッちゃんらの話を聞いて、あんなに落ち込んでしまったのか。

正直にいうと、宝石会社に入った当初、オレは自分なりに宝石デザイナーとしてやっていくシナリオを描いていた。

それは、大きなコンテストに応募して賞をもらって、それをきっかけに、宝石デザイナーとして独立するという計画だった。ところが、よく観察していると、宝石のデザインで大きなコンテストの賞をもらうような人は、ほとんど限られていた。

東京芸大や武蔵野美術、多摩美術大学の出身者がほとんど。それから大手の「ミキモト」や「田崎真珠」などでデザインをやっていた人とか、パターンが決まっていた。

だから、オレなんか、いくら頑張ってもダメだろうと半ばわかってしまった。それでも、まぐれ当たりがあるかも、と思ってやっていたというのが本当のところで、何が何でも宝石デザイナーで身を立てる、という気持ちはとっくに薄れていた。

そういう意味では、オレは見極めが早いというか、諦めが早いというか、冷めている部分がある。

そんな時にできた心の空洞。自分では「魔がさした」と思っている。そういう風に表現するほかに、今でもうまく説明ができない。

家族と行った軽井沢旅行は、少しも楽しくなかった。女房と子供はペンションでの避暑を楽しんではしゃいでいたが、オレはひとり考え込んで、鬱々《うつうつ》と楽しまなかった。

女房、子供がいるのに、安定したサラリーマン生活を捨てることができるのか、この年で、収入も定かではない世界に飛び込んでいくのか、それが一人前の男のやることか、と本当に悩んだ。

悩んだ末に、オレは女房を泣かせる決断をしてしまった。

●第5章 30歳の決断

サラリーマンにお別れ

「ボルガ」で偶然に会った夜から1か月ほどして、ベンガルくんから電話がかかってきた。

「乾電池の次回の公演に出てくれないか」

「出てくれといったって、3年以上芝居してないし、仕事もあるから」

「大丈夫だよ、ブランクなんて。仕事があってもできるよ。とにかく話し合おうよ」

ここでも魔が差したというべきか、オレはのこのこと〝話し合いの場〟にでかけて行ってしまった。

年下の3人に説得されて

話し合いの場は、新宿西口の焼鳥屋だった。エモッちゃんと綾田くんも来ていた。

「稽古は昼の12時から夕方の6時まで。会社を午前中で早引きすればできるじゃないか」

多分、まともに会社で働いたことがないベンガルくんが無茶なことをいった。

「バカいうな。そんなことできるかよ。ちゃんとした社員なんだぞ」

「じゃ、早引きは引っ込めるよ。その代わり、3カ月だけ休んでくれればいいよ」

焼鳥屋で酒を飲みながら、3人は勝手なことをいってオレを口説く。ただ、彼らも、女房も子供もいるオレに、会社を辞めて劇団に来い、とまではいわなかった。

一番熱心に口説いたのがベンガルくんだった。オレを劇団に入れようと強く主張したのも彼だったらしい。彼とは、自由劇場の時代からウマがあったし、オレの芸風を買ってくれてもいた。ちなみに彼はオレよりも4つ年下で、エモッちゃんは1つ、綾田くんは3つ下だった。

つまり、年下の3人がよってたかって、妻子持ちで年長のオレを説得していたということになる。彼らの説得には、芝居や劇団に対する熱意が感じられた。

その熱い説得を浴びているうちに、オレの心は、会社や家庭よりも芝居の方に次第に傾いていった。2軒目の店でも酒を飲みながら口説かれた。

「今の乾電池にはあんたが必要なんだよ」

「次の公演だけでもいいから、一緒にやってくれないか」

だんだん、酔いが回ってきたオレは、自分も舞台に立ちたい、暴れ回りたい、と思うようになっていった。自由劇場で研究生をやり、イッセー尾形くんとの「うでくらべ」でも芝居をやったけれど、それは不完全燃焼だったのかもしれない。

2軒目の店を出て歩きながら、ベンガルくんがまたいった。

「劇団が軌道に乗るまで、せめて3カ月、会社を休んでくれないかなあ」

その時、オレは思わずいってしまった。

「わかったよ。やるよ。会社はやめるから」

酔いがそういわせた、といえば無責任になるな。

もっとクリエイティブなことを

実は、オレは自分でも、そうなるような気がしていた。「ボルガ」で彼らと会った時から、自分はこれでいいのかと、自問してきた。そして、本当に自分のやりたいことをやるべきではないかと、考えていた。もっとクリエイティブなことをやりたい、という思いが募っていたのだ。

本音をいえば、燃える世界で頑張る3人を羨ましいと思い、嫉妬もしていたのだと思う。オレもその世界に入りたい…。

宝石のデザインの仕事は、自分が描いていたシナリオが不可能と感じていたので、どう考えても自分が一生続ける仕事とは思えなかった。3人の誘いがなくても、いずれこの仕事にも転機がくると感じていた。

ネックになっていたのは、30歳という年齢と、女房子供のことだった。役者を目指して再出発するには年を取り過ぎているのではないか。さらに、旗揚げしたばかりの劇団では収入がないのは目にみえている。生まれたばかりの子供と女房をどうやって食わせていくか、それを考えると、なかなか決心がつかなかったのだ。

この時に、すがったのは200万円の貯金だった。これで1年くらいは食いつないでいける。芝居がダメだったら、また宝石デザインに戻ることもできると考えた。ただ、芝居を本格的にやるなら、仕事はやめなければならない。それは、3年半従事してきた自分の仕事と、そして芝居に対する敬意の問題だと思ったからだった。

やり直し、再出発に定年はない

年齢のことは、考えても仕方ないので、もう考えないことにした。30歳は、これから役者をやっていくには、ぎりぎりの年齢だとは思ったが、「三十にして立つ」というくらいだから大丈夫、できないことはない、と考えた。

だいいち、大器晩成っていうじゃないか——そう思ったとたんに、嫌な言葉を思い出してしまった。高校の同級生に藤井《ふじい》昌則《まさのり》君という男がいて、彼は父親が画家で、自分も美術やデザイン系を目指していた。ある時、彼がこういった。

「大器晩成とは才能がない奴を慰める唯一の言葉である」

自虐的にいったのか、オレに向かっていったのか、わからなかったが、「なるほど。うまいことというな」と、その時は感心しちゃったよ。

30歳は遅くない、と考えている時に、これを思い出したんだ。「奴め、嫌なことをいってたな」と思った。

しかし、その時のオレにとっては、才能があるか、ないかは問題じゃない。才能があろうがなかろうが、30歳であろうが35歳であろうが、自分の燃えることをやる。そうすれば、自分が納得できる——そう思った。

成功とか失敗という考えはなかった。藤井君の言葉を思い出して、一瞬たじろぎ、嫌な気分になったけれど、一度吹っ切ったら、気にならなくなった。

今の時点で考えれば、30歳からの再出発なんて何でもないことだ。30歳にかぎらない。40歳だろうと50歳だろうと、人生の再出発なんて、極端にいえばいくつになってもできる。60歳になって、それまでの仕事に終止符を打ち、そこからまた新たな仕事を始めることだってできる。

人間には寿命があるから、限界は確かにあるだろうが、60歳から始めても20年くらいはできる。人生50年の時代ならいざ知らず、人生80年の今、方向転換も人生最後の勝負もいつでも可能だと思う。

現に、世間には40歳を過ぎてから弁護士になったり、60歳を過ぎて医者になった人もいるではないか。問題は年齢を理由にして、もう駄目だと自分で自分を見限ってしまうことだ。準備さえ十分にしておけば、いくつになっても方向転換はできる。やり直しや転機に定年はない——オレは今ではそう思っている。

上司には引き留められたが

一度決心したら、オレは行動が早い。ベンガルくんに「やるよ」といった翌日から稽古場に顔を出しつつ、会社の引き継ぎに力を注ぎ、無事に済ませた。そして、１９７７年（昭和52年）９月25日に辞表を出した。

なぜ、そんなにはっきり憶えているかといえば、翌日の26日は長女の誕生日だったからだ。やっと１歳だった。

辞めると決意してから、この日までの1か月間は、それこそシャカリキになって働いた。「立つ鳥跡を濁さず」といえば古いかもしれないけれど、3年半のサラリーマン生活に、きれいに別れを告げるためにも、誰にも文句をいわれないように、ちゃんとしてやめたいと思った。

上司の古田氏には、「芝居をやりたいので退職したい」と伝えていた。古田さんはもちろん反対した。

「奥さんも子供さんもいるんだろう。成功が約束されているのなら別だけど、立ち上げたばかりの無名の劇団だろ。もう一度考え直したらどうか」といってくれた。

「すみません。昔の仲間が旗揚げした劇団で、どうしてももう一度芝居がしたいのです」そういって、オレは古田氏を振り切った。

外車好きの社長は、退職したいというと、「独立するのか、それとも引き抜かれたのか」といった。「芝居をするために」といっても信じてもらえそうもなかった。だから、一身上の都合ということにした。

その後、オレが東京乾電池の一員として、渋谷のジャンジャンで公演するようになった時、古田氏ら会社の人たちが観に来てくれた。会社でのオレは仕事をする以外は、特に目立った存在でもなかったので、舞台の上で動き回り、しゃべりまくるオレを観てびっくりしたらしい。

「高田君が芝居をねえ。人前であんなことをするとはねえ」と楽屋を訪ねてきてくれた古田氏は感心しきりだった。

オレはそれを褒め言葉だと解釈した。芝居をやってよかったと思った。

女房には泣かれた

会社を辞めることでの一番の難敵はやはり女房だった。辞表を出すまで女房には一切相談しなかった。相談すれば、反対されるのはわかり切っていたから。

女房に告げたのは、辞表を出してから確か3日後だったと思う。

「オレ、会社を辞めたから」というと、女房はびっくりするどころか、ほとんどパニックに陥ってしまった。

「冗談じゃないわよ！」「私に相談もなく、勝手に決めないでよ！」「これからどうするの！」「生活はできるの！」と罵声と非難を浴びせてきた。女房は泣いていた。

オレは、マンションの頭金にしようとしていた200万円があるから、1年は大丈夫だ。公演と稽古の合間には働くから、といって説得した。説得といっても、すでに辞表を出してしまっているので、他にどうしようもない。

「仕方ないわ。でもわたしと子供を路頭に迷わせないでね！」

女房は涙を浮かべた目でオレをみていった。

マンションを買う夢も消え、突然、生活に不安を抱えた女房にすれば無理もない。

「大丈夫だ。どんなことをしてでも、おまえと子供は食わしていくから」

最後はそんな会話になった。確かな根拠も確証もなく、オレは何とかなると思っていた。

刹那的な生き方、選択

その時のオレの選択は、常識的に考えれば無謀だと思う。30歳にもなって、妻子がいるのに、定職を捨てて、収入も定かではない劇団に身を投じるなんて、狂気の沙汰と思われても仕方がない。多分、10人中9人は、そんなことはしない。それが常識だろう。つまり、オレのとった行動はきわめて非常識ということになる。

気持ちが燃えるか燃えないか

今の時点から考えてみると、オレは自分のやりたいことを最優先したわけではない。やりたいことはグラフィックデザイナーだったけれど、そんな才能も資格もないと、とっくにあきらめていた。だから、自分で面白そうだと思えることを優先してやっただけなのだと思う。

物事を損得では判断したくない。面白いか面白くないか、の気持ちで判断する。つまり、気持ちが燃えるか燃えないかを生き方の基準にしてきたように思う。

地道に生きようと思ってサラリーマンをしたが、気持ちは燃えなかった。カネはそこそこ入ったが、自分を見つめ直すと、気持ちが納得していないことがわかった。わかりやすくいえば、仕事に没頭できなかった。

そんな時に、燃えることができそうな芝居の世界がもう一度目の前に現れたのだ。

宝石のデザインと芝居の世界。どちらが面白そうか、燃えそうか。面白そうな世界を選ぶ——それがオレの生き方なのだと思う。つまり、オレの生き方は、計画性のない行き当たりばったり、刹那《せつな》的なのだ。

これを適当というなら、いってもいいと思う。

失敗と挫折が生んだ生き方

オレは自分の本当にやりたいことに目標を定めて、一途に努力するということをしてこなかった。そういうことができない男だった。

その結果、高校、大学と受験に失敗、まともに就職もできなかった。さらにベケット劇でも失敗した。自分が描く「自分像」を一つとして実現できなかった。多感な時代の挫折の繰り返し。これがオレに大きな影響を与えた。特に大学受験の失敗は大きなトラウマとなった。

大学受験の夢は、今でもみるよ。合格発表にオレの名前がちゃんとあるんだ。でも、それが夢だとわかって、ぞっとするという夢なんだけどね。この夢を何回もみるんだ。挫折を繰り返したのは、いってみれば自業自得なのだけれど、この挫折の経験によって、オレは自分の人生を半分あきらめるようになった。あるがままの自分を認めようと思った。

オレはチンケな男なのだ。だから、オレの人生は決して自分の思うようにはならない。それがオレの人生のありようなのだと。高望みはしないで生きた方がいい——そう肝に銘じたのだ。

前向きないい方をすれば、自分にないものを嘆いても仕方がない。自分が今もっているものでシコシコと勝負するしかない——そう考えたのだ。

それ以後、面白いか面白くないか、気持ちが高揚するかしないかを基準にして、やってきた、そんな気がする。

そういう生き方を無条件に肯定するわけではないし、それが好ましいともいわない。ただ、「今、この時に燃えたい」という方が、「将来の安定のために」と考えるよりも、男としてはカッコいいのではないか——そう思ってしまうのだ。

もし、仮にこの本を就職前の学生さんが読んでくれるとしたら、そして、自分の進路について迷っている若い人が読んでくれるとしたら、オレはこう誘惑したいな。

「こころが燃える仕事を選びなさいよ。失敗しても大丈夫だ。いくつになってもやり直しはきく。君がその気になりさえすれば、道はあるから」と。

横尾さんの絵に人生を感じた

「道がある」といえば、オレが思い浮かべるのは横尾忠則さんだな。ちょっと唐突な連想だけど、すぐにわかるよ。

若い時、横尾さんに憧れていたっていう話はしたよね。今も憧れているけどね。その横尾さんに初めてお会いしたのは、テレビの仕事だった。この時、手をみてびっくりした。指が白くてね、しかもオレの倍くらいの長さがあった。白くて、長くて、しなやか指――さすがに、世界的な人の手は違うなあ、と思ったよ。

でも、2度目にお会いした時は、なんと普通の指だった（笑）。憧れるっていうことは、こういうイリュージョンを引き起こすんだね。

横尾さんの回顧展も観に行った。ありとあらゆる作品が展示されて、もうなんというかオレは天にも昇る気持ちで観た。その作品群の中に、Y字路シリーズというのがあった。オレはこれにすっかり参っちゃった。

そのシリーズの絵がどうしても欲しくなって、アトリエまで行って、横尾さんに必死にお願いした。そして、ひとつの作品にOKをもらった。うれしかったなあ。

その絵は、今も家のリビングに飾ってあって、毎日観ている。絵の構図は、真ん中に美容院があって、その前に1本の街灯がたっている。道は美容院を挟んでY字路になって、奥に続いている。このY字路がいいんだなあ。どこがそんなにいいか。それは、この絵を観ていると人生を感じるからなんだ。

人生はY字路の連続

Y字路というのは、何とも微妙だよね。どちらに行くか、迷ったとしても、T字路とは違う。Ｔ字路は右か左か、１８０度の違いがあるから、どちらに行くにせよ、はっきりした決断がいるよね。行く先が全く変わってしまうから、間違ったら大変だよ。

けれど、右と左を間違ったとしても、すぐわかるよね。反対方向へいっているわけだからね。気がついたら、引き返せばいいわけだ。

ところがＹ字路は、角度が微妙。90度もあるし60度もある。40度だってあり得る。どちらへ行っても、同じ目的地に着いてしまうようにも感じるし、途中で曲がれば、正しい道に戻ることができるようにも感じる。

逆に２本の道は、どんどん違う方向へ伸びて行っているとも考えられる。だから、誰でも微妙な葛藤をするんじゃないかと思う。

つまり、Ｔ字路の場合は、白か黒かをはっきりさせなければならないけれど、Ｙ字路の場合は、それがあいまい。このあいまいさ、微妙なところが、オレには人生の選択そのものに思えて仕方がないんだ。

普通の人は断固たる決断はなかなかできない。あいまいさは必要だし、許されるのではないかと、オレみたいな凡人は思うわけよ。

オレが東京乾電池に走ったのは、Ｔ字路での決断ではなくて、このＹ字路のどちらかへ行ったような気がするんだよな。右か左か１８０度の決断ではなく、まあ、ちょっとこっちへ行ってみようか、みたいな感覚だったように思う。

結局、その道を進んで、今に至っているけど、この選択は正しかったのか、間違った道だったのか。自分では、行くべき道を選んだと思っているよ。そう思わないと、いくら適当男でも、やっていられないよな。

さっき、失敗しても若い人には道がある——といったけど、おそらく待ち構えているのは、みんなＹ字路の道なのだと思う。もっといえば、人生はきっと、このＹ字路の連続なんじゃないかな。

このＹ字路に直面した時、迷ってもいいから、葛藤してもいいから、自分で「こっちだ！」と、決めて自分の道を行くしかないね。その積み重ねが、その人の人生になるんだよな。

東京乾電池とは

ここで、途中から参加した「東京乾電池」について、少し説明しておこうかな。

東京乾電池は、ご存知のようにエモッちゃんと、自由劇場の研究生だったベンガルくん、綾田くんの3人が中心になって、1976年（昭和51年）に結成した。

若者特有の健気さと悲壮感

結成の背景には、自由劇場の芝居と、3人が目指す芝居にずれがあったからではないかと思う。自由劇場の頃、エモッちゃんらの芝居が作り出す舞台空間は、一風変わっていて異彩を放っていた。ただ、串田・吉田氏ら自由劇場の首脳陣がめざす芝居とは違っていた。自由劇場の芝居は、都会的でオシャレだった。

3人はたとえ泥臭くても、自由に自分たちの芝居をしたかった。即興性と直接的な笑いに満ちたけた外れな舞台を作りたかったのだと思う。その思いが、新劇団の結成につながったのだと思う。
東京乾電池結成に際して、自由劇場側はすんなりと認めてくれたのか、あるいは揉めたのか、初めから参加していなかったオレは、詳しいことは知らない。
エモッちゃんらが書いた「必ず試験に出る柄本明」（PARCO出版）には、こんな描写がある。

十二月某日 下北沢の綾田俊樹のアパートに自由劇場のおエラ方三人がちょうちんもちAを伴って深夜訪問。乾電池の公演を思いとどまるよう説得するとともに、柄本はどこにいる？ と綾田を問い詰めるも、綾田、黙否権を行使。（中略）深夜ケイ古をしていた柄本ら全員は綾田から事情を聞くと、目に涙を浮かべて『若者たち』を合唱。二月某日 深夜の西口公園で再度『若者たち』を合唱。旗上げ公演への決意をあらたにする。

こういうシーンを読むと、健気《けなげ》さと同時に、若者特有のヒロイズムも感じられるね。そして、ちょっと過剰な悲壮感も伝わってくる。いずれにしても、彼らの新劇団結成への意思は固かったのがよくわかるな。

旗揚げ公演は笑いにつつまれた

念願かなって、新劇団の旗揚げ公演は、結成の年も押し詰まった12月29日に行われた。確か、浅草の木馬館だったと思う。参加を断ってはいたが、オレは観に行った。自由劇場の面々も観に来ていた。

出し物は「花絵巻江戸のずっこけ」。入場料は５００円だったが、酒がついていた。観客は酒を飲みながら芝居を観ることができるという粋な公演だった。内容は、ショートコントの連続で、芝居というよりは、バラエティーショーに近いものだった。エモッちゃんらはみんな汗まみれの大熱演をしているが、寄せ集めの役者もいたものだから、演技力もテクニックもない。客席は盛り上がりを欠いていた。

このあとの公演の様子は、オレの主観的な表現は避けて、さっき紹介した「必ず試験に出る柄本明」に譲ることにしよう。公演のハイライトともいえるシーンが、自身の本では以下のように描写されている。

芝居も半ばにさしかかると、酒のサービスが裏目に出たか、観客は緊張感をなくし始めていた。労務者風の酔客が照明器具をたおした。くだんの自由劇場のおエラ方はニコリともせず、舞台をにらんでいる。野次ともつかぬバ声が飛び交いはじめる。そして遂に、観客席から舞台にむかって、あの言葉が吐かれた。

「エモトォーッ！　それでいいのか！」

大らかな笑いが館内をつつんだ。文字でしるせば、ワッハッハ！　ワッハッハ！　実に大らかな笑いであった。

一瞬、舞台上で氷の柱と化した柄本明は、大らかな笑い、これこそがハードボイルドなんだと、かたく心にとどめるのであった。

これが、東京乾電池に伝わる「エモト、それでいいのか」事件。どう評価するかは、それぞれの立場で違うだろう。

オレ自身は、この旗揚げ公演を観てホッとした。このような芝居に付き合って、自分が出ていたら、どんなに落ち込んだかわからない。参加しなくてよかったと、本心から思った。

3人の情熱には脱帽だね

さすがに、この旗揚げ公演には、3人とも落ち込んだらしい。その夜、エモッちゃんはヤケ酒を飲んで「悔しい」とつぶやきながら、泣いていたという。

だけど、3人は初めの失敗にもめげず、第2回、第3回と乾電池公演を続けていく。それには、稽古場の提供など力を貸してくれた人がいたのだけれど、彼ら3人の情熱がなければできない話だ。

3人、特にエモッちゃんの演劇にかける熱意はすごかった。今もすごいけどね。2011年に彼が紫綬褒章を受章したのも、彼の芝居に対する情熱があったからこそだろう。

ベンガルくんや綾田くんも、今でも乾電池はもちろん、他の様々な芝居に出ているからね。彼らの演劇に対する情熱には、ほんと脱帽だね。

乾電池でいい芝居を作りたいという彼らの情熱は、確かに熱かった。3人だけではだめだ、劇団としてもう少し核となる役者が欲しいと、彼らが考えたとしても無理はない。

その矛先が、宝石会社で指輪のデザインと、時折宝石の検品をして暮らしていたオレに向いたということだ。

そして、すでに話したように30歳の夏の「ボルガの出会い」になるわけだ。

肉体派フリーター

気持ちが燃える、カッコいい決断をしたはずだったが、実際は全然カッコよくなかった。カネに困るようになるまでには、あまり時間はかからなかった。
会社勤めで毎日、家と会社を行き来するだけというのは、特別なことをしない限り、意外にカネを使わないものなんだとわかった。
一方、定職を持たず、あっちへ行ったり、こっちに行ったりすると、思ったよりカネを使うものだということもわかった。だからオレが頼りにしていた２００万円は１年足らずでなくなってしまった。

稽古とアルバイトの繰り返し

〝妻子を路頭に迷わせることは絶対にしない〟と誓った手前、オレは懸命に働いた。
働くといってもアルバイト。しかもほとんどは肉体労働だった。体力には自信があったのは幸いだったが、オレは30歳にして〝肉体派フリーター〟になった。デザイン学校を出たあとにもフリーターをやったことがあった。この時は家から通ったし、気楽だった。しかし、今回はさすがにきつかった。特に稽古が始まってからのアルバイトは、心身ともにきつかったな。

稽古は昼の12時から夕方の6時まで。そのあと7時から朝の6時まで働いて、家に帰って11時まで3〜4時間ほど寝る。それからまた12時から稽古…。そういう生活だった。

劇団の公演は年に3回。稽古と公演の期間を除くと7カ月は空白となる。空白の期間は稽古のある時期に比べれば、時間はあってフルに働けるので、オレは昼も夜も頑張って働いた。

子供が生まれる前は、女房が日舞師範の経歴を生かして収入を得たり、ブティックで働いたりして生活を支えてくれたが、1歳の子供を抱えてはそれもできない。オレがシャカリキに働くしかなかった。

その頃の決まった収入というのは、千葉テレビのサテライトスタジオでやったコント。週1回1万円で月に4万円。それだけだった。だから、アパートの家賃2万2000円を払うと半分以上が消えた。

妻子は銭湯に行っても、オレは行かずに台所で体を洗った話はもうしたね。要するに、3人で銭湯に行くと600円くらいになったが、そのカネが惜しかったのだ。

この間にやったアルバイトは40~50種類に及んだと思う。もう、いちいちは思い出せないが、今でも記憶に残っているアルバイトを話しておこうかな。

親分はギターと日本刀を持っていた

手っ取り早く現金になるのは、工事現場の作業員だった。昔風にいえば土方だね。ちょうど、東京乾電池の稽古場のあった板橋・大山に道路工事の飯場があった。そこで夜の7時から翌朝の5時まで働くと、7000円~7500円がもらえた。

気の弱いオレは、荒っぽい世界は苦手だけど、1日7500円の魅力に勝てず、そこに通い始めた。その飯場は、流しのギター弾きの男が仕切っていた。噂では、どうも女がらみでヤクザに追われているようで、ロッカーにはギターだけでなく、日本刀を隠し持っていた。女も一緒だった。

飯場を逃げ出そうとする奴がいると、「逃げるなよ!」とその日本刀をみせて脅していた。怖いところに来てしまったと後悔したが、オレはカネのために毎日通った。

その勤勉ぶりをみていたのか、「高田君は感心だ」と、ギター弾き親分に気に入られてしまった。そうなると、逆に「やめる」とはなかなか切り出せない。結局、怖い思いをしながら、3か月働いた。

公演が迫ってきたので、恐る恐る「実は芝居をやっている。公演が近いのでやめたい」というと、その親分は快く了解してくれた。そして、ロッカーから日本刀の代わりにギターを取り出して、「お別れにオレの歌を聴いてくれ」といって歌いだした。曲は「他人船」だった。さすがに、ギターも歌もうまかった。しかも、どういうわけか涙を流しながら歌っている。オレは困ったが、まさか笑うわけにもいかず、神妙な顔をして聴き入ったのを憶えている。

そのギター弾き親分は、確かオレよりも若かったはず。今ごろどうしているだろうかと思わないでもない。ヤクザに見つかって、女ともども八つ裂きにされたかもしれない。

おお、こわっ！

オレとおっさんが生き埋めになる

もっと怖い思いをしたことがある。オレが工事現場で働くのをやめるきっかけになった事件だ。

当時、美空ひばりさんが住んでいた目黒の青葉台の家の前で、水道管を埋める工事をしていた時だ。ツルハシで地下5メートルくらいの穴を掘っていた。5メートルといえば、かなり深いよ。彫りだした土は、板で止めて崩れないようにすることになっている。これを確か「山止め」といっていた。

けれど、実際はかなりいい加減で、山と積まれた土砂に板が寄りかかっているだけ。全然「山止め」になっていない。前日に雨が降ったせいもあって、土砂はかなり重くなっていた。

ちょうどオレが穴の中に入っている時に、この土砂が突然崩れた。オレともう一人のおっさんが生き埋めになってしまった。

目の前が真っ暗になり、身動きが取れない。息もできない。オレはパニックに陥った。必死にもがいて、懸命に手を土の上に出して、オレは何とか這い出したけれど、一緒にいたおっさんはすっぽりと埋まってしまった。

中からくぐもった悲鳴が聞こえる。しかし、ツルハシを振るうわけにもいかず、他の作業員と一緒に、手で土砂を掘り起こした。ごつごつした石ころ交じりの土砂だったから、オレたちの手は、すぐに血だらけになった。それでもなんとか、おっさんを助け出すことができた。

おっさんは酸欠状態で意識を失いかけていた。救急車で病院へ運ばれていったけれど、それを見送りながら、オレは膝がガタガタと震えた。

入院したおっさんは、一命を取り留めたということだったが、オレは心底怖いと思ったよ。女房と可愛い子供の顔がちらついた。臆病なオレは、それ以後、工事現場で働くのはやめた。

工事現場で働くのをやめるのと前後して、エモッちゃんが劇場やテレビ局での大道具の仕事を紹介してくれた。この大道具の仕事はすごく楽で、危険でもない。半日で８０００円もくれたので、魅力的だった。

以後、テレビに出てカネが稼げるようになるまで、オレはこの大道具の仕事で、一家３人の生活を支えることになった。

充実の日々

この時期は、オレにとって充実の時期だった。つらいと思ったことはなかったし、

芝居も稽古もやめようと思ったこともなかった。肉体的にはきつかったけれど、オレは十分元気だった。

今をシコシコ懸命に生きる

あとからいえば、この時期が下積み時代というのかもしれないが、その時はそんな意識はないよね。それしかないから必死。これをしのげばいい生活ができるとか、やがて日の当たる時がくるなんて、全然思わなかった。

大きな夢はみない、目標も立てない。その時その時を、一生懸命やればいいと思っていた。オレにとって、最も重要な時期だったかもしれない。

今の若い人にいいたいね。不遇の時、カネのない時は、その時をシコシコ懸命に生きる。それで十分じゃないのかって。

東京乾電池でオレが初めてやったのは「幸せ色は僕のもの、不幸せ色は君のもの」というタイトルの芝居だった。東京乾電池としては4作目の公演だったと思う。タイトルがオレの生き方にぴったりするので、よく憶えている。

自由劇場の「マクベス」を観てから5年余。紆余曲折はあったが、また自分が舞台に立っていることを思うと、なんだか柄にもなく涙が出る思いだった。

座付き作家を持たなかった乾電池の芝居のつくり方は、例によって簡単なプロットがあって、あとは即興でセリフをつけていく手法。調子のよい時はセリフも出てくるが、疲れているとギャグも出ない。

工事現場のアルバイトで疲れて眠いし、気の利いたセリフが出てこない。公演は近づいてくる──そんなことが重なって、オレは円形脱毛症になったことがあるよ。それでも十分楽しかった。脱毛症は、公演が終わると、いつの間にか治ったけどね。

公演をやってもほとんど持ち出しで、ギャラなんて全くなかった。でも、気持ちは充実していた。そして、渋谷のジャンジャンを根城にして公演するようになってから、東京乾電池もようやく世間から注目され、人気が出るようになった。

渋谷ジャンジャンでの公演でブレーク

渋谷ジャンジャンは、収容人員２００人ほどの小さな地下劇場だったが、中村伸郎の独り芝居「授業」や、淡谷のり子、美輪明宏、高橋竹山らのライブが行われるなど、先端的な渋谷文化の一端を担う場所だった。

アングラ小劇場にとっても、この劇場で芝居を打つことがひとつの目標だった。ジャンジャンは、いわば小劇場の聖地のような存在だった。

東京乾電池も、照明をやっていた人の伝手《つて》で、ここで公演するようになってから、人気劇団になった。ある時、始まる前から観客の行列ができているのをみて、びっくりしたことがある。

この頃は、オレと前後して小形雄二《おがたゆうじ》くん、岩松了くんも参加していた。小形くんは若くてなかなかの男前だった。後に東京乾電池オフィスの社長になったり、映画のプロデュースを手掛けたりするようになる。岩松くんについては、すでに紹介したね。

女優はいなかったけれど、よそから借りてきた。ほとんど拉致に近かったらしいけど、松金よね子さん、田岡美也子さん、岡本麗さん、そして後にエモッちゃんの奥さんになる角替和枝《つのがえかずえ》さんらが舞台に立った。こうして女優陣も充実して、東京乾電池も劇団としてパワーアップしていった。

結局、東京乾電池は、1978年（昭和53年）から5年間で15公演をジャンジャンで行った。最後には観客が多すぎて収容しきれなくなった。そして新宿の紀伊国屋ホールなどキャパシティーの大きい劇場で公演をするようになった。

それでも東京乾電池が人気劇団としての評価を得て、自立できたのは、ジャンジャンでの公演がきっかけになったのは間違いない。

ジャンジャンという聖地が、東京乾電池を一人前に育てたといってもいい過ぎではない。公民館で20~30人しか入らなかった時代を思えば、昔日の感があった。
その渋谷ジャンジャンも2000年に閉鎖され、今は面影もない。

〝グランプリ女優〟を怒鳴った

乾電池の人気が高まると、テレビドラマ出演の話がくるようになった。題名は忘れてしまったが、オレとベンガルくんのふたりが、初めてテレビドラマに出た時のことだ。

チョイ役ながらセリフがあった。共演者に、黒澤明監督の「羅生門」や衣笠貞之助監督「地獄門」などに出演して、〝グランプリ女優〟といわれた大物女優さんがいた。オレの役はトラックの運転手。この大物女優さんのセリフのあとに、「つべこべいうんじゃねえ!」と怒鳴るという台本だった。

台本の本読み(セリフ合わせ)をした時のこと。乾電池では、台本もなく、決まったセリフもないので、本読みなんてしたことがない。だから、オレはすごく緊張しながら、自分の出番を今か今かと待っていた。

と、ついに大物女優さんが何かをいった。オレはすかさず「つべこべいうんじゃねえ!」と精一杯の演技で叫んだ。とたんに、稽古場がシーンと静まり返った。

そして、大物女優さんが「私はべつに、つべこべいっているわけじゃないですよ」とオレに向かっていう。

あれ？　オレのセリフのあとはベンガルくんじゃなかったか、といぶかしんでいると、隣にいたベンガルくんが「バカ！　今のはセリフじゃないよ」とオレを小突いた。

実は、この時、大物女優さんは、自分のセリフのことで、「ここはこう変えたほうがいいのでは」と演出家にいっていたのだ。緊張していたオレは、それをセリフと勘違いして、怒鳴ってしまったのだ。

何とも絶妙なタイミングの勘違いだったが、グランプリ女優に「つべこべいうな」と怒鳴ったのは、オレぐらいだろう。正直いって冷や汗タラタラだった。

でも、今思えばこんな経験も懐かしいな。貧しかったけど、充実して楽しかったなあ。この充実の時期のあとに、オレにも転機がやってくることになる。

●第6章 「5時から男」への道

食えるタレントに

渋谷ジャンジャンを満員にするようになって、東京乾電池の名前が知られるようになると、テレビ出演の話がくるようになった。今も高視聴率を誇る「笑点」でコントをやったこともあるし、大橋巨泉さん司会の「11PM」でショートコントを披露したこともある。

また、テレビのCMに起用されるようになり、オレの生活も周囲も変わっていくことになる。これは、劇団に入った当初には予想もしなかったことだった。

きっかけは「笑ってる場合ですよ」

東京乾電池として初めてのテレビの仕事は、フジテレビの「笑ってる場合ですよ！」だった。長寿番組「笑っていいとも！」の前身番組で、担当プロデューサーは横澤彪《よこざわたけし》さん（※）だった。

※横澤彪：テレビプロデューサー。1962年東大を卒業し、フジテレビ入社。「笑っていいとも！」初代プロデューサー。「THE MANZAI」「オレたちひょうきん族」なども手掛ける。フジテレビ退社後は、吉本興業の東京担当専務、鎌倉女子大学教授などを務める。2011年1月、肺炎のため73歳で死去。

そこでオレたちがやったのは「日刊乾電池ニュース」という、日々のニュースを面白おかしく、コントに仕立てたものだった。月曜から金曜まで連日の生放送。普通ならビビるところだけど、オレたちは舞台での即興にはなれているから、平気だった。

しかし、最初は新宿アルタの若い観客には全く受けなかった。一度演じたニュースネタを、「その時、江戸城では」といって、江戸時代に移して再現していたのだけれど、それが若い人たちには何のことだか、よくわからなかったらしい。

それではと、「江戸城では」をやめて、その分長くしてみると、だんだん受けだした。横澤さんは、最初全く受けなかったので、そろそろ切ろうかと考え始めた時に、オレたちのコーナーの視聴率が上がり始めたので、継続を決めたといっていた。

おかげで毎月20万円のギャラがもらえるようになって、オレの生活が安定しはじめた。団地の抽選にもあたって、中野のアパートから調布市のつつじヶ丘団地に引っ越すこともできた。

自分のコーナーを持つ

2年間続いた「笑ってる場合ですよ！」が、タモリさん司会の「笑っていいとも！」に衣替えすることになった。1982年（昭和57年）のことだった。B&Bやツービート、紳助竜介などによって、一世を風靡した漫才ブームがそろそろ下火になろうとしていたころだった、と思う。

この衣替えの際、東京乾電池のメンバーではオレだけが水曜日のコーナーをもって、残ることになった。オレだけ残ったのは、多分オレが一番バラエティー向きだったからだと思う。ほかの連中は、はやり演劇、芝居志向だった。

コーナーに3分間の時間をくれるといわれたが、やってほしいといわれたのはエアロビクスダンスだった。エアロビクスといっても、オレは踊れない。ともかく、可愛いアシスタントが踊る間、オレは股間がモッコリするようなピンクのレオタードを着て、頭には極楽鳥のような羽飾りや、桜の枝をつけたりして、見た目でごまかした。あとは、動き回り、一緒に出ている素人をいじりつつ、しゃべりまくった。

この時、オレは35歳。2人目の子供も生まれていた。妻も子もある男として、この3分間はかなり恥ずかしかったが〝そんなことを気にしている場合ではない。チャンスを逃すな〟と開き直って、ハチャメチャとオチャラケを繰り返した。コスチュームを視聴者に募集して、そのユニークでふざけた衣装と扮装で登場したりもした。

毎週水曜日に3分間出たわけだけど、だからといって、このコーナーでオレが本格的なタレントとして認められたわけではない。芸能界もそんなに甘くはない。

ただ、「あのレオタードを着たヘンタイ風な男はだれ?」といわれるくらいにはなったのではないかと思う。

その1年前には、日活ロマンポルノにも出演していた。少しは名が知られたので、出演依頼が来たのだと思う。これも何とも〝おはずかしい役〟だったが、ギャラがよかった(確か20日で10万円)のでやったんだ。

「Mr・ジレンマン・色情狂い」というタイトルで、多分今もビデオが残っていると思う。あまり観てほしくもないし、内容も紹介したくはないけれど、興味のある方はレンタルビデオ屋をのぞいてみてください。恥も外聞もないことを、あられもなく演じている、ギャグ・ポルノです。

ちなみに、この作品はエモッちゃんが主役で、ベンガルくん、綾田くんも出ている。

オレだけが破廉恥な映画に出ていたわけではないことを強調しておかないとね。

矢崎滋さんに励まされた

このように、仕事をガムシャラにこなしていったせいか、少しずつ他のテレビの仕事が舞い込むようになった。ドラマでシリアスな刑事役が来たこともあった。昼間は股間モッコリのエアロビクスをやり、夜は真面目な刑事役。このギャップには、さすがのオレも〝どうすりゃいいんだろう〟と思わないでもなかった。

ところが、このドラマでご一緒した俳優の矢崎滋さんには「エアロビクスをやりながら、こういう役もくるというのは、タレントとしては有難いことですよ。両方頑張りなさい」と、いわれた。そういわれると、なんだか自信がわいてきたのを憶えている。

矢崎さんは学者の息子で、東大文学部英文科中退。一時、劇団四季に在籍していた。井上ひさし作「小林一茶」の演技で注目を浴びた。落語を演ずることでも知られ、大学で演劇論や演技論を講じる多才な人だね。

そんな人に励まされて、うれしくないわけがない。ただし、調べてみると、矢崎さんはオレと同じ年。しかも、オレの方が半年以上も早く生まれていたから、学年でいえばオレの方が1級上だった。うれしかったけど、ちょっと、複雑な気持ちだったな。

タレントとしての自信──横澤さんは恩人

「笑っていいとも！」のオレのコーナーは2年で終わった。ひとつの仕事をやり遂げて、自信がついたのは確かだった。この時、横澤さんが新たな仕事を紹介してくれた。

フジ系の福井のテレビ局が15周年記念で30分の独自番組を作るが、その司会をやってみないかということだった。勉強になるから、と薦めてくれた。

地方へ行くわけだけど、他にレギュラーを持っているわけでもない。毎週金曜日に福井まで〝出張〟することになった。放送の時間帯は午後7時から30分間。NHKがニュースをやっている時間帯で、ここで地方局がバラエティー番組をぶつけるというのだから、なんとも思い切った挑戦だった。

ただ、オレはここでも開き直って、福井でかわいい女の子でもみつけるか、ダメなら美味い物でも食べられればいいや、と気楽に考えることにした。それがよかったのか、番組は思いのほか好調だった。

そこへ、今度は北海道のテレビ局から、開局記念番組を作るから司会をしてほしいという依頼が来た。これが土曜日の深夜。金曜日に福井へ行って、その足で翌土曜日には北海道へ。ちょっとした遠征だった。

北海道の番組は、女の子を集めて最終的にパンティをみせたら、ハワイ旅行をプレゼントするという深夜帯にありがちなエッチっぽい番組だった。オレのほかに映画監督の井筒和幸さん、歌手の泉谷しげるさん、もの真似の栗田貫一さんらが出ていた。作家として景山民夫さんも来ていた。

これらのメンバーと一緒に仕事ができる——このころからオレも少しは名前を知られ、タレントとしてやっていけるかもという自信が生まれてきた。

テレビに出るきっかけを与えてくれ、世間に顔を知られるようになったのは、横澤さんのお蔭だと思う。横澤さんは、見た目は好々爺だったけど、仕事を見る目は厳しい人だったね。でも、愛情深くて、きっちりフォローしてくれた。あの方がいたので、我々も生き残れたのだと思うね。亡くなってしまったけど、横澤さんはオレの恩人です。感謝しています。

「笑っていいとも！」のコーナーが終わった翌年、ついに日曜日のゴールデンタイムの番組にレギュラー出演するチャンスが訪れた。その番組によって、オレは〝全国区のタレント〟になっていった。

時に38歳。突然、サラリーマンを辞めて、東京乾電池に身を投じてから、8年がたっていた。

「元気が出るテレビ」で波に乗る

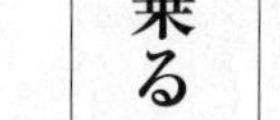

日本テレビの「天才・たけしの元気が出るテレビ!!」は、1985年（昭和60年）の4月に始まった。日曜日の午後8時からの番組で、メインはもちろんたけしさん。もうひとりメインがいて、東映の看板スター、松方弘樹さんだった。東映のスターをバラエティーに出演させるというので、関係者は「失敗したら松方さんに傷がつく。絶対に失敗はできない」と、背水の陣で臨んだとも聞いている。

見かけは普通で実は変な奴

オレをこの番組に呼んでくれたのは、たけしさんだった。既にフジテレビの「オレたちひょうきん族」が始まっていて、そこにオレもたけしさんと一緒に出ていた。「元気が出るテレビ」のメインをたけしさんがやることになって、一緒に出ないか、ということになったんだと思う。

日本テレビでも、オレの起用を考えていたらしい。担当のディレクターは、「笑っていいとも!」を観ており、東京乾電池の舞台のこともよく知っていた。彼によれば「見かけは普通だけど、実は変な奴を探していた」という。そのメガネにかなったのがオレだったらしい。これは、うれしい評価だったね。

ところで、従来のバラエティーは、主にスタジオで作られていたけど、この番組はカメラを外に出して、商店街や学校などで素人を登場させ、その素人の熱気や面白さによって、番組を成り立たせるというユニークなものだった。

そして、現場に行ってその素人たちに突っ込んだり、いじったりする役目がオレと、コンビを組んだ兵藤《ひょうどう》ゆきちゃん(※)の2人に与えられた仕事だった。

※**兵藤ゆき**:名古屋のラジオ番組のパーソナリティーが出発点。「笑っていいとも!」の出演をきっかけに全国区に。タレントらしくない容貌と、さばさばした性格で「ゆき姐」と呼ばれ人気者に。1996年に結婚、長男を出産。翌年から米国で生活、2007年に帰国。東京とニューヨークを行き来している。エッセイストとしても活躍。

テリー伊藤さんがディレクター

この番組は、日本テレビと制作会社のＩＶＳテレビの共同制作だったのだけれど、ＩＶＳのディレクターで総合演出を担当したのがテリー伊藤（伊藤輝夫）さんだった。テリーさんについては、今さらオレが説明するまでもなく、みなさんはよくご存知かと思う。今はコメンテーターとして活躍しているね。

テリーさんは、敏腕ディレクターとして、いろいろと逸話を残している。タレントやスタッフを怒鳴りつけるくらいは当たり前。時にはポカリとやったという話も残っている。

時には若手芸人らを蹴っ飛ばしたこともあって、テリー伊藤じゃなくて〝蹴リー伊藤〟と呼ばれていたとか。

ただ、オレはそういう場面に遭遇したことはない。だから、逸話が本当かどうか、真偽のほどは知らないよ。念のため。

ものすごく細かくて神経質な人だけど、気配りもする人だった。テリーさんのすごいところは、とにかく現実に起こることの面白さを徹底的に追求する姿勢だった。あとで適当に編集して、面白くすればいいという作り方を徹底的に排除した。現場で面白いことを実際に起こして、それをきっちり撮影しようとする人だった。

だから、その狙いに従って、オレも必死にやったよ。毎回衣装に工夫を凝らして、女子高生を相手にする時は、自分もセーラー服を着たり、メイクを凝ったりね。毎回、自分なりにキャラクターを設定してやった。もちろん、いつも変なキャラクターだったけどね。どちらかというとヘンタイ系？

特にＶＴＲの冒頭部分に凝ったね。フンドシ姿で現れたり、顔にでかい目を描いたり、ぐるぐる回る眼鏡をかけたり、それをカメラにぐっと近づけて、挨拶したりね。それで、みている人をぐっと引き付けようと狙った。

東京乾電池の稽古場で、最初の出で仲間を笑わせていたから、それが役に立ったのかな。とにかく、台本なし、即興でやるのは得意だったから、オレには向いていたのかもしれないな。

ギャラはとにかく安かった

土曜日と日曜日がロケ。朝早くロケ地に出かけて、戻ってすぐ編集。そして月曜日がスタジオ収録というスケジュール。１週間のうち３日が「元気が出るテレビ」でつぶれた。おまけに、ギャラは、あったけれどもほんとに安かった。

多分、たけしさんや松方さんのギャラが高くて、オレたちまで回る余裕がなかったんじゃないかな（笑）。この安いギャラが、初めは逆に発奮材料になったんだけど、やっているうちに、だんだん貧乏になっていくわけよ。だから4年くらいたった時に、頼んで週2回にしてもらった。

いずれにしても、「元気が出るテレビ」に出たおかげで、いろんなことを学んだよ。リポートやインタビューという仕事は初めてだったし、最初はどうやっていいか五里霧中だった。

自分なりにキャラクターや役柄を設定しておけば、何とかなるとわかったのは、実際にやり始めてからだった。ここでも、自由劇場や乾電池の稽古が役に立ったということだね。

ともかく、タレントとしてのオレにとっては、日曜日のゴールデンタイムに毎週出たというのが大きかったな。何しろ、番組の第1回から最終回まで11年半ずっと休みなく出たからね。顔は知られたね。

暴走して物議をかもす

番組の中では、いろんなことをやった。とにかく突っ走ったから、物議をかもしたこともあったよ。

韓国はソウルの名門大学・梨花女子大の校門の前で、女子学生に「あなたは処女ですか?」といつもの調子で質問。ところがその中に政府要人の娘がいた。それで、オレの質問が儒教文化を侮辱しているとして「5年間入国禁止」の措置をくらってしまった。参ったね。でも韓国に行かなければいいので、実害はなかったけどね。

清川虹子さんの家に押しかけて、愛用のダイヤの指輪を口の中に入れたら、清川さんが大慌て。「何やってんの。出しなさい!」といって、清川さんがオレの頬を必死に叩く姿が、観る人の爆笑を誘ったりね。このシーンを含め、「元気が出るテレビ」はDVDになっているから、興味のある方はどうぞ。

いずれにしても、「元気が出るテレビ」にレギュラー出演したことが、タレントとして大きな波に乗ったのは確かだったね。テレビを中心としたマスコミの仕事もすごく増えたね。その代わり、乾電池の稽古や舞台に出ることがだんだん難しくなってきたのも事実だった。

ＣＭタレント

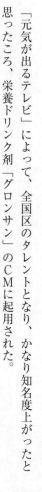

「元気が出るテレビ」によって、全国区のタレントとなり、かなり知名度上がったと思ったころ、栄養ドリンク剤「グロンサン」のＣＭに起用された。

まず「さんさん、30代のグロンサン」のコピーが１９８６年（昭和61年）。オレが39歳の年だった。そして翌年の「５時から男」というキャッチコピーが一世を風靡した。で、オレもさらに名を知られるようになった。

このＣＭによって、オレは「ＣＭタレント」としても、世間に認知されることになった。また、「元気が出るテレビ」とは違ったキャラクターをアピールすることにもつながった。

これをきっかけに、オレはなんとか自分の将来に自信というか、明るさをみいだせることができた。つまり、十分食っていけるという確証をもった。確か、グロンサンのＣＭのギャラで半年間は食っていけたという記憶がある。

不惑の40歳。まあ、タレントとしてはほんとに遅咲きだった。特別な才能があったわけでも、大器であったわけでもないけれど、晩成だったのは確かだな。

「5時から男」はオレにぴったり

当時、一般企業では午前8時から午後5時までを就業時間と定めており、「5時から男」というのは、仕事が終わると元気になるサラリーマンを意味していた。テレビCMは、仕事に疲れてグダグダしていたサラリーマンが、終業時間になると、グロンサンを飲んで元気になり、夜の巷を遊び回るという内容だった。

1987年といえば、バブル景気が始まったころ。企業だけでなく、一般の人々にまでその影響が及び始めていた。仕事よりも遊びを一生懸命にやる——という当時のサラリーマンを皮肉っていたとも解釈できるな。

このキャラクターがオレにぴったりだったのかもしれない。どうみても、テレビでのオレは仕事を一生懸命するというより、仕事が終わったあとの遊びに夢中になるタイプにみえたのだろうね。

実際は全然違うけどね。オレは、仕事を一生懸命やって、終わるとぐったりしてテンションが下がるというタイプだからね。どちらかといえば「5時まで男」だな。

あのＣＭは、土台となるコンテはあったけれど、「好きなように演技してください」といわれた。当時は、ＣＭ制作でタレントに自由に演技させることは少なかったと思う。

そういわれて、オレはかなり自由にやった。ネクタイを曲げたり、目を回したり、首を左右にスライドさせたりね。

このテレビＣＭが大当たりして流行語にもなったよね。グロンサンはこれ以降、ドリンク剤のトップクラスになったんだって。ＣＭタレント冥利《みょうり》に尽きるね。

流行語で２年連続受賞

「５時から男」は１９８８年（昭和63年）の新語・流行語大賞の流行語部門・大衆賞を受賞した。受賞者はオレ。ＣＭ作成には、たくさんの人が関わっており、演じたオレだけが受賞するのは変なんだけど、まあ、世の中そういう風になっているのかと思って、黙って受けた。

この年は、リクルート事件が発覚した年だった。流行語の筆頭は確か「ペレストロイカ」だったかな。それから「今宵はここまでにいたしとうござりまする」「カイワレ族」「トマト銀行」などが受賞した。「ユンケルンバでガンバルンバ」というのもあった。東京会館での授賞式にはオレも出たよ。

実は、この新語・流行語の受賞は、オレは2年連続だった。この賞は当時、発足して日が浅く、今ほど注目されてはいなかったけど、1987年に「ノリサメ」で兵藤ゆきちゃんと一緒に新語部門の表現賞というのを受賞していた。

「ノリサメ」といっても、今はもう意味がわからないよね。実は受賞したオレも、わけがわからなかった。この言葉は、ノッテいるかと思うと、サメている、全く新しいタイプの若者たちを「ノリサメ族」といったことからきているそうだ。

きのうの夜はあんなにはしゃいでいたのに、今朝はサメていて知らん顔をする。テンションは高いのに、実は冷めている。そういう新人は本音が見えず、上司も扱いにくい。

オレとゆきちゃんはそういうノリサメを巧妙に演じた、として評価されたわけ。かなり、というか、ほとんどは「元気が出るテレビ」の人気にあやかったものだと思うけどね。

この時の流行語は「マルサ」だった。ほかに「サラダ記念日」「懲りない○○」という言葉が受賞していた。全然自慢にはならないけれど、流行語で2年連続受賞した人はあまりいないんじゃないかな。

「元気が出るテレビ」、それから「5時から男」と続いて、オレの顔を知らない人は、ほとんどいないようになった。街を歩いていると、声をかけられたりするようになった。

東京乾電池に飛び込んでから、ちょうど10年がたっていた。

台所用洗剤ジョイのCM

それから、記憶に残っているCMとしては、P&G（プロクター・アンド・ギャンブル）の台所用洗剤ジョイの飛び込みCMだね。

P&Gはアメリカ資本でしょ。さすがしっかりしてたね。PR作戦も3年間かけて企画し、タレントも誰を使うかをじっくり検討する。CMはとりあえず、広島でパイロット版を作って放映し、それで商品が売れなかったら、全部やめちゃうという厳しいものだった。

幸い、パイロット版の効果がまずまずだったので、広島から全国へと波及的に放映していった。オレが一般家庭の主婦を訪ねて、ジョイの洗浄力を試させる、そして優れた点、使い勝手、特徴などを話してもらうという手法だった。

地方へ行って、1日に7軒くらい訪ねたね。事前にスタッフが10軒くらいにあたりをつけて、「それでは何日後に伺います」といって、あとは突然家を訪ねるというパターンだった。

地方出張で1日7軒はしんどかった。7軒に行っても実際にテレビで使うのは、1軒か2軒。シビアだったな。10年間やったけど、オレがやったCMでは最も体力的にきつかったな。

でも、このCMのお蔭で、世の主婦たちがオレに親しみを感じてくれるようになったね。

「元気が出るテレビ」でのパフォーマンスは、どちらかといえば、主婦向けではなかったからな。きつかったけど、タレントとしては有難い仕事だった。

グロンサンのCMは、「5時から男」は1年くらいで、あとは商品や手法を変えて作られた。結局、グロンサンは10年やった。グロンサンが終わりかけたころに、ジョイのCMが始まったということになるね。

乾電池時代にも、エモッちゃんらとナショナルのCMをやったことがある。だから、CMタレントとしてのキャリアは30年を超すことになるな。

面白い話？あれこれ――ティータイム

この辺で、ちょっと息抜きして「ティータイム」といきますか。

テレビやラジオで仕事をしていると、いろんな出来事に遭遇する。そこでは面白い人、ユニークな人との出会いもある。それを紹介しようかな。じゃあ、面白くなかったらいってね。あっ、本じゃ、リアルタイムにはいえないか。じゃあ、面白くなかったら、我慢してね。

✹ペレの彼女の顔は？――初めての海外ロケ

確かタモリさんの番組だったと思うけど、30代の後半に、ブラジルへサッカーのペレの取材に行ったんだ。オレにとっては初めての海外ロケだった。マイアミ経由でサンパウロへ確か30時間以上かけて行ったと思う。

ところが、肝心のペレが米国へ行っていなくなっちゃった。ロケハンがいい加減だったんだな。仕方なく、ペレの恋人を取材しようということになった。この辺も、きわめて適当だけどね。でも、これはオレのせいじゃない。

ペレはいないけど、彼が所有しているというコパカバーナのすごい豪邸に行った。13階建てのマンションで、10階以上がペレの住居になっているという。そこにすごい美人の恋人がいるというわけ。

確か、「シュッシャ」とかいう芸名で、そのころブラジルでは、それなりに名の知れたタレントだったみたい。子供番組の司会をやっているという。

この人がきた。ところが、なんと、シースルーのノーブラで現れたんだよ。だからさ、きれいな人っていう触れ込みだったけど、オレは顔を全然憶えていないのよ。顔なんかまともにみてないもんね（笑）。

ともかく、彼女がいたので番組は作れたんだ。いい加減だったけど、都合12日間の楽しい旅だったよ。この旅で、オレは不覚にも財布を盗まれたけどね。

そのシュッシャはペレとは別れた。ところが、そのあとレーサーのアイルトン・セナの恋人になったんだ。セナの葬式の様子をテレビで観たけど、確かにその女性がいたよ。

その女性は、無名のタレントだったんだけど、ペレの恋人になってテレビに出るようになって名を知られ、さらにセナの恋人になって、また一段と有名になったという話だよ。すごい女性だね。したたかというか、何というか、自分自身の「あげまん」だよね。女性にそんないい方はないけどね。

✹すごい女性って、ほんとにいるね

すごい女性っていえば、真面目にすごいと思った女性がいたよ。

オレは長年、文化放送で「東京パラダイス」（現在は「毎日がパラダイス」）って番組をやっているんだけど、その初めのころの担当ディレクターだった人だけどね。

彼女は文化放送でもベスト3か5に入る美人といわれていた。報道もやったことがあるその美人ディレクターが、34歳の時に医者になる決心をした。筑波大学出身というから、優秀だとは思うけど、34歳で医学部受験は、実際はきついよね。

しかしね、彼女は文化放送で働きながら頑張って勉強をして、国立の旭川医科大学に受かっちゃった。

住んでいたマンションを売り払って、もちろん会社も辞めて、旭川へ行った。独身だから自由にできたんだろうな。そして6年間、ゴルフ場のキャディーとか店員とか、さまざまなアルバイトをしながら、ついに卒業。国家試験も即受かって、念願の医者になっちゃった。

40歳にはなったけど、目標達成だよね。小児科の医者になりたいらしいけど、まずは横浜の救急病院に勤務したといっていた。救急病院なら医者としていろんな経験ができるからってことらしい。

久しぶりに会ったけど、すごく溌剌《はつらつ》としていたなあ。目が輝いていた。彼女はスタートは人より遅れたけど、いい医者になると思ったね。ほんと。

女の人って、目標を持ってそれに向かって突き進む力はすごいよね。ほんとに感心する。オレなんかにはとうていできない。

オレはさ、こう見えても、必死に頑張っている女性が好きなんだよね。ひたむきな女性は大好きだよね。オレ自身はひたむきな努力ができないからさ。ひたむきで胸が大きければいうことなしだね。これは冗談、ではありません。

でもなあ、彼女の必死な6年間を思うと、オレの6年間は何だったのか、と思ったね。オレは何の進歩もなし。相も変わらず同じことをやっているな、と思ったよ。言い訳に聞こえるかもしれないけれど、オレたちみたいな仕事は、目標を持つことが難しいんだよな。来た仕事は、懸命にやるけど、ステップアップというか、サラリーマンみたいに段階を踏んで偉くなったり、肩書が変わったりすることはない。

そういう意味で、目標を設定することがなかなかできにくい。それは、残念かな。仕方ないけどね。

✺オーストラリアでバズーカ、パトカーが出動

次に、オレが海外で暴走した話をしようかな。

「元気が出るテレビ」に「早朝バズーカ」というコーナーがあった。寝ている人にバズーカ砲（もちろん本物じゃないよ）を撃って、びっくりさせて、それを面白がるというコーナー。そのバズーカ砲をオレは、オーストラリアでぶっ放したことがあるんだ。

確か、オーストラリアに留学していた日本人の女子学生が、かの国の人気トークバラエティー「今夜はスティーブ・ヴィザードとともに」という番組に出演。その時に日本の有名コメディアンとして、オレの名前を挙げたらしい。

そうしたら、その番組からオレにお呼びがかかった。オレはスタッフと一緒に出かけて、番組に出た。最初に司会者のヴィザードに向けて、バズーカ砲をぶっ放してやった。えらく受けたたね。

オレは、こうみえても英語はほとんどしゃべらない。その女子学生が通訳をしてく

れたんだけど、なんだか途中から面倒臭くなって、知っている英語を勝手にかました。「バズーカ イズ マイ ラバー」「ドント ウオーリー ビイ ハッピー」なんてね。とにかく、何をきかれても、そのふたつを繰り返した。会場はバカ受けだった。

そうしたら、司会者がスタジオを出て、街でバズーカ砲をぶっ放してくれという。そう頼まれちゃ、こっちは断れないよね。

それで、メルボルンの夜の街に出て、一般人の家に乗り込んで、その家がこの番組を観ていないとわかると「オー バッドボーイ!」とか叫んで、バズーカ砲をぶっ放した。他の家では、玄関口でバズーカ砲を撃ったりもした。もう完全に〝暴走純次〟だね。

司会者は、面白いから、もっと続けろという。だけど、界隈はパニック状態。誰かが通報したんだね、パトカーが出動する騒ぎになっちゃった。番組スタッフは「パトカーも撃ってみてくれ」なんていってきたけど、これはさすがにやめたよ。だって、パトカーのお巡りさん、真剣な顔していたから。「これ以上はやばい」というのがわかったわけ。

のちに住民は騒音被害で番組を訴えたとか。オレも指名手配されたといわれているけど、それはない。ビデオで観たけど、アポなしはやり過ぎたかな、とは思った。

それから、この番組には他の芸人も出るコーナーがあったのだけど、オレのせいで、みんな飛んじゃった。飛ばされた芸人たちは面白くなかったと思うけど、これはオレのせいじゃないよな。でも、海外では気が大きくなるって、ほんとだね。

✹「笑いとは裏切りである」

これは、以前どこかで話しちゃったけど、舘ひろしさんから「笑いって何ですか?」ときかれたことがある。テレビのある番組で一緒になった時だった。すごく真面目な顔できいてきた。舘さんもバラエティーに出る機会も増えて、きっと笑いというものについて、真剣に考えていたんだろうね。

その時、頭に浮かんだままを即座に答えた。

「笑いとは裏切りじゃないですか」

相手の予想を裏切るようなことを先にパッといったり、やったりする。予期される流れをくるりと転換させる。それが笑いにつながる。先に読まれてしまうと笑いにならない。だから、「笑いは裏切り」——そういう意味でいったんだけど、そんなに間違っていないと思うんだ。

笑いについて考察した哲学者のベルグソンも「笑いは裏切りである」——といった

かどうか、知らないけれど、予想外のことが起きると人は笑う、というのは真実だと思うよ。

先に読まれることをわざといって、それで笑いをとるという「笑点」の落語家さんのような人もいるけど、笑いは〝ある種の期待を裏切ること〟〝予想外のことの表現〟によって起こるといえると思う。

例えば、転んで笑いをとるという手法は、昔からあるよね。喜劇なんかでよくみるよ。観客はちゃんと歩くと予想している場面で、急に転んだり、ズッコケたりするから、笑いが起こるわけだよね。

最初から転ぶとわかっていれば、観ている人は笑わないでしょう。意外性がないから。もちろん、繰り返しとパターン効果で笑わせるという手法もあるけどね。

舘さんが、オレのその答えで納得してくれたのか、よくわからない。ただ、オレがいわんとすることは、わかってくれたと思う。すごく賢い人だからね。

ここで、「笑いは裏切り」の例をあげてみようかな。いずれもオレが発した言葉だけどね。

●キミの手から加齢臭がすると思ったら、オレの手だったよ

●映画にも出たし、ＣＤも出したし、あとやることはオリンピックに出ることだな

●オレにも物事に対する分別はあるよ。さっきもちゃんと水洗トイレを流してきた

●ダンナと離婚したいと思ったら、ベッドの上にウンコしちゃえばいいよ

（「高田純次発言集・語録」から）

●「私、自殺未遂したことがあるんです」「あ、そうそう。きみ、バスト何センチ？」

●「私、失恋しちゃったんです」「ブスなんだもん、しょうがないよね」

（「元気が出るテレビ」高田純次の記憶から）

どう？　あんまり面白くない？　まあ、高田純次の笑いは、生の即興性の面白さ。その場の雰囲気、流れがあってのことで、それらを抜きにこうして活字にすると、面白さは半減する――と言い訳しておこう。

それから、つまるところ、笑ってもらえれば何でもいい、というのがオレの基本姿

勢なんだよね。いろいろ能書きをいいましたが、理屈は二の次なの。失礼ぶっこきました！

●第７章

「適当男」の虚像と実像

適当とは何か

オレは、今では「適当男」とかいわれているけど、昔からそういわれていたわけじゃないよ。この呼び名が定着したのは、ここ6、7年のことだ。還暦の前後からだよ。それ以前は、テレビやラジオでの発言がいい加減だとか、チャランポランだとか、無責任だとかいわれても、適当男といわれたことはなかった。つまり、適当男というキャラクターは、ごく新しいんだよ。

「適当論」――和田秀樹先生のお蔭

２００６年（平成18年）３月に、「適当論」という本を出した。オレの本としては4冊目だったが、それまでに適当とか無責任という言葉を使った本はなかった。「適当論」は精神科医の和田秀樹先生との対談と、先生がオレの性格や言動を分析するという内容で構成された本だった。

この本がかなり売れたんだ。多分、10〜15万部売れたと思う。売れたのは、和田先生の力だけどね。和田先生は、それまでにもたくさん本を出していた。その時点で300冊を超えていたという。だから、読者をたくさん抱えていたんだね。オレが出した本は、いずれもそんなには売れていなかった。高田純次の読者はそんなにいなかったんだ。

その8か月後に「適当手帳」という「一日一言」みたいな本を出した。これもそこそこ売れた。翌年、還暦になった年に「適当教典」「適当男のカルタ」、DVDの「適当伝説」、さらに次の年には「適当日記」という日記風の本も出した。

もうわかると思うけど、「適当論」が成功したので、柳の下のドジョウを狙って、何でも「適当」というタイトルをつけて出したってわけ。出版社がよくやる手だよ。

その結果「適当」がオレのキャラクター兼ブランドになったというわけだ。

実をいうと、オレは自分のことを適当な男と思ったことはないし、ふだんの言動がそれほど適当だとも思っていない。むしろ「適切な男」って感じかな（笑）。

燃えたいと思った時には演劇を選んだし、地道に生きようと思った時にはサラリーマンになった。時間があれば、アルバイトでも必死に働いた。こんな適切な生き方はないだろ？

だから、マスコミの世界で「適当男」が流通して、それがオレのキャラクターとして定着したのは、一方ですごく有り難かったけど、一方では迷惑だったな。

なぜかというと、なんにせよ、「適当さ」が求められるから。ようするに、「適当」という型にはめられるわけだ。いちいち、適当にやるっていうのは、けっこう大変なんだよね。

いずれにせよ、きっかけになったのは和田先生との「適当論」だった。その陰には優れた編集者がいたんだけれど、これは内輪の話だな。

どうすれば適当なのか

ところで、そもそも「適当」とはどういう意味をもっているのだろうか。

国語辞典（角川書店）をみると、「ちょうどよくあてはまること」「適切、妥当」「量や程度がほどよいこと」という意味が一義的にあげられている。

そして、第二義的な意味として「その場かぎりで、いい加減なこと」とある。字句で表すと、「テキトー」という感じかな。

オレを指して適当男という場合は、明らかに「テキトー」の意味で使っているよね。

つまり、オレは「その場かぎりで、いい加減なことをいう男」と思われているということになる。一般的な使われ方でも、「適当」といえば、こちらのニュアンスが強いな。

そして、いったん適当男といわれると、いつでもテキトーさが求められる。テレビなどで、ちょっと普通のことをいうと、「もっとテキトーに、無責任にお願いします」なんていわれることがあるからね。

仕方なく、バカなことをいってみたり、無責任なことをいってみたりするけれど、オレが本当に適当男なのかどうか、本人も怪しんでいるね。

「適当」の中に人生あり

本当は、適当とはけっこう深い意味があるのではないかと思うね。

オレは、人生というのはバランスだと思っている。最終的にはプラス、マイナスゼロになるということ。

難しい話ではなくて、「ようやくカネが貯まったと思ったら、年とって体が動かない」とか「いい女をゲットしたら病気をもらった」とか、そういうレベルの話だけど、人間は何かで運を使ってしまうと、どこかで不運が起こる——みたいに人間のあらゆることは、バランスで成り立っているのではないかと思うんだ。

そういうオレの〝人生バランス論〟を踏まえて、和田秀樹先生は「適当論」でこんな風に分析してくれた。

「そのバランスこそが、彼の代名詞である『適当』に結びついている。何かで大成功してもいつか失敗してしまうこともあるし、今がどん底だとしたら後は這い上がるだけ。（中略）生きていれば、うまくいかないことは頻繁に起こりうる。そこで一喜一憂せずに、そのこと自体を吉兆として捉える。その楽天的な発想が、理想的な『適当』を生むのである。」

なるほど、精神分析の先生は、うまいことをいうね。

これをオレなりに解釈すると、現実を肯定的に評価せよ、ということかな。何でも面白がってやるってこと。面白くなければ、方向転換すればいい。こだわらずに楽しくやろうじゃないか、ってことだよ。

もっといえば〝転べばバッタリ糞のうえ〟という二重の不運に見舞われたとしても、転んだこと、そして、その糞を道具にして、楽しんじゃうってことだよ。ちょっと汚い例えだけどね。

適当は、やはりどこかで「適切」とつながっているね。何があろうと、事態を楽天的にとらえて、前に進む――すると人生のバランスがとれる。これはやっぱり、適当かつ適切な生き方だと思うよ。「適当な人生に適切あり」だな。

若い人も中年も、あるいは高齢者も、うじうじしている暇があったら、身体を動かし、頭を働かせることだよ。そうすれば、生きることって、そんなに難しいことじゃなくなるよ。挫折に挫折を重ねてきた、チンケなオレがいうのだから間違いないよ。

オレのツイッター

オレをテキトーな男というには、格好の材料かもしれないけれど、オレのツイッターの話をしようかな。

この間、だれかが「高田さん、ツイッターで、こんなこといっていたでしょう」なんていうんだよね。でもさ、オレには全く憶えがない。なぜかというと、オレはツイッターをやってないから。まったくね。もちろん、ブログもやっていない。

聞くところによると、10人くらいの人がオレの名前でつぶやいているらしいな。そのうち2、3人すごく面白いのがいるらしいけど、オレ本人は全然知らないよ。ほとんどみたこともない。

ね。

だけどさ、「私、高田純次はツイッターはやっていません」「つぶやいているのは、他人です！」なんて大声で叫ぶのも野暮だろ。野暮はいぼ痔と同じくらい嫌いだからね。

だから、公には「ツイッターはやっていない」とも「オレの名前でつぶやくのはやめてください」ともいっていない。今回、この本でわかっちゃうけどね。

まあ、面白いことつぶやいて楽しんでいる分には、いいじゃないかと思ってさ。嘘をまき散らすのと、ヒトを誹謗中傷するのは許せないけれど、そうでなければいいんじゃないの――オレはそういうスタンス。なんか問題あるかな。テキトー過ぎる？

まあ、これまでも特に問題も発生していないし、それでいいかなと思ってさ。適当に、いや、適切に、面白いことつぶやいてくれればいいよ。

でも、いっとくけど、オレは責任は取らないよ（笑）。特に面白くないのは、絶対に責任は取らない。だって、「ぼくは責任という言葉が一番嫌いです」っていうのが、オレの一番好きな言葉だからね。

オレの発言集というのもあるね。長年、オレがテレビやラジオでいったことをズラーッと羅列してある。ざっと１５３０種類。「やきそばかおる」という人がやっている。

オレは自分のいったことなんか、忘れちゃって、ほとんど憶えていない。それを記録してくれているんだね。ありがたいね。ネットで見ることができるらしい。

ところが、そこに「無断転載禁止」と書いてあるんだって。それもなんかおかしいよね。

オレがもう一度同じことをいう時は、その人に許可をもらわないとダメなのかな。

オレが適当にしゃべったことは、オレのものではない？　記録してくれた人のもの？　著作権はだれにある？　そんなこと考えたら、夜も眠れないよね。

前の章で、いくつか使ったけどね。

この辺、適当にやるしかないね。

適当男は虚像か実像か

テレビやラジオでしかオレのことを知らない人は、マスコミで流通している通り、

テキトーで無責任な男と思っているだろうな。それはそれでいいんだけれど、ちょっと違う面もあるんだよね。実はオレも普通のおじさんなんだ。

それを知られたからって、別に痛くも痒くもないよ。適当男といったって、本当はテレビ上の虚像であることは、みんなうすうす知っているものな。ただ、適当男は虚像です、とオレがいっても誰も信用しないけどね。

それから、テレビでの虚像を維持することも、それなりに大事なんだ。芸能界を生きていくというのは、そういうことなんじゃないかな。

嘘と真実は紙一重

テレビのエンターテイメントを観ている人は、ドラマは作りものだけど、それ以外はリアルなほんものと、素朴に思っているかもしれないね。でも、それはちょっと違うかもな。

たとえば、クイズ番組だけど、あれもいってみれば、演じられたものなんだ。正解を連発する人、時々正解をいう人、とんちんかんな答えをする人、笑いを取ろうとする人……と、出ているタレントには役割がある。そういうタレントをほどよく配している。

タレントもそれを承知して、自分の役割を果たす。だから、「やらせ」ではないけれど、演出された作りものだといえる。

全員が優等生回答者だったら、面白くない。番組が成立しないよね。

リアクション芸というのもそうだよ。かなり前から、熱いおでんを食べたり、顔につけられたりして「あっちっちい！」というリアクション芸があるよね。でも、あのおでんは、実は熱くないんだよね。ほんとに熱かったら、毎回ヤケドしちゃうよ。

いつだったか「あのおでん、本当は熱くないんでしょ」と追及されたタレントが、こう反論していた。

「熱くないのに、熱い振りをするのが芸人の芸じゃないか。熱いおでんを、あっちっちい、とやるのはごく普通。芸でもなんでもない」

オレは、それを聞いて実に正しいと思ったね。

昔、高校で習ったけど、近松門左衛門という江戸時代の劇作家が唱えたという「虚実皮膜論」ね。嘘と真実は紙一重という、あれだね。テレビも同じだと思うよ。

だから、極端ないい方をすると、テレビに写っているのは作りもの、虚像なんだよね。したがって、さっきもいったように、テレビの適当男は虚像なんだな。

ただね、テレビのすごいところというか、怖いところは、その作りもの＝虚像の中に本当の姿、実像が出るってことなんだ。だから、難しいことをいうようだけど、虚像だといった適当男というのは、実は本当の姿、実像かも知れないってことなんだよ。

オレの流す涙は…

もう、20年以上前だけど、「元気が出るテレビ」に「勉強して東大に入ろうね会」というコーナーがあった。

東大受験を目指して勉強に励んでいる予備校生を募って、いろんなことをやらせるバラエティー。最終的には東大に合格するかどうか、発表を待つという企画でね。きっと憶えている人もいると思うけど、その受験生の中に広瀬《ひろせ》伸哉《しんや》君という予備校生がいた。彼は、現役で東大受験に失敗、一浪でも失敗して3度目の挑戦だった。

彼は純朴な地方の秀才という感じで、いつもヘマをして笑いを誘い、このコーナーの人気者になっていた。オレもよくいじったよ。

3度目の受験だし、勉強もよくしているから、彼は「合格する」という前評判だった。本人もそう信じていたみたい。

ところが、3月中旬の東大の合格発表の日、ほかのみんなは受かったのに、彼だけ不合格になってしまったんだ。この時、広瀬君が泣き崩れたんだよ。

そばにいた高田純次は、いつもの冗談は全くなく、広瀬君の肩に手を置いて、もらい泣きしてしまった――そういう映像が流れたんだね。無責任男の高田がテレビで流した最初で最後の涙、とかいわれてさ。

ところがね、いつもは素人をいじって、笑い飛ばしている高田が、芸人魂を忘れて「素」を出して泣いてしまうなんて、プロのタレントとしてどうか、と批判する声が出てきて、ちょっとした議論が起こった。

反対に、いや、あの涙は、したたかな高田の演技なんじゃないか、という人もいた。

まあ、いってみれば「涙の虚実論争」が起きたわけだ。

今回、この本を作るにあたって、編集者のYが「あの涙はほんものか、演技か、正直に書いてほしい」とストレートにいってきた。

だから、オレもストレートにいうよ。

「オレの流す涙はいつもほんものです」

広瀬君は、最終的に慶応大学に入った。無事に卒業してその後、広告代理店を起業した。ところが、1999年、28歳の時、雫石スキー場でスキーをしていて、猛スピードで立ち木に激突。頭の骨などを折って、そのまま亡くなってしまった。

オレはその葬儀に参列した。前途は洋々だったのに、若くして終わってしまった彼の人生に思いをはせると、やっぱり泣けたね。

昭和の無責任男と平成の適当男

オレは「適当男」のほかにも「平成の無責任男」、「芸能界一いい加減な男」ともいわれている。そんなに無責任な生き方をしているつもりはないけれど、マスコミの通り名だから、仕方ないよ。それで飯を食わせてもらっているのだから、文句もいえないよね。

「高田は適当で、無責任なところがいい」「いい加減で、スケベで素敵」なんていわれると、本人としてはけっこう複雑な気持ちになる。

無責任を共通項にして昭和の無責任男・植木等《うえきひとし》さん（※）と比較する人もいるね。

真面目と無責任の落差

でもなあ、オレと植木さんを比較するのは、ちょっと違う気がする。だいたい、植木等さんとオレを同列に扱うのはおこがましいというか、次元が違うぞ、って感じだね。

よく知られていることだけど、植木さんはすごく真面目な人。責任感も強く、しかもインテリ。その真面目な人が、無責任男を一生懸命演じていた。

聞いた話だけれど、一世を風靡した「スーダラ節」という歌を植木さんは、最初は歌いたくなかったらしい。

♪チョイと一杯のつもりで飲んで、いつの間にやらハシゴ酒……という歌詞が、真面目な植木さんにとっては、受け入れられなかった、という。

浄土真宗の僧侶だった父親に相談すると、「『わかっちゃいるけどやめられない』というフレーズは、人間の弱さをみごとに表現している。これぞ親鸞の教えだぞ」と逆に勧められ、歌うことにしたという。

さらに、植木さんは自分の映画や歌の影響で、世の中に無責任な風潮が広まるのではないかと、いつも心配していた——そんな逸話があるくらい真面目な人だった。

要するに、真面目で責任感の強い人が、無責任な男を懸命に演じていた、それが植木さんだよね。そのギャップはすごく面白いと思う。つまり、植木さんの場合は、虚像と実像がはっきり違っていたといえるね。

オレには、そういうギャップはないよ。普段とテレビがほとんど同じ。インテリじゃないしね。その分、オレの方がバカになれるのかもしれないけど。

「適当男のポルカ」なんていう歌も喜んで歌っちゃった。全然いやがらない。むしろオレのバカはときどき暴走しちゃう。植木さんに比べれば、虚実の境界があいまいだというか、ないのかもしれないな。

※**植木等**：俳優、コメディアン、歌手。1926年、名古屋市生まれ。東洋大学卒業後、ギタリストとして、いくつかのバンドで活動。57年、クレージーキャッツに参加。61年、クレージーの一員として「シャボン玉ホリデー」に出演、ギャグで人気を得る。62年、映画「ニッポン無責任時代」に出演、大ヒット。以後、無責任男として映画、コミックソングをヒットさせる。シリアスな俳優としても活躍し、日本アカデミー賞など助演男優賞を何度も受賞している。93年、紫綬褒章受章。07年、肺気腫のため死去。80歳。

仕事に対する姿勢の違い

時代背景も明らかに違うね。植木さんは日本の高度経済成長期の人。１９６０年代の社会全体が実体のある持続的な成長をしていた時代の人だよ。働けば収入が増える、明日はいいことがある――そんな社会状況を背景にしていた。

だから、映画での植木さん、つまり昭和の無責任男は、初めは仕事をしないふりしているけど、最後はちゃんと仕事をするでしょ。ちゃっかり出世もしちゃう。いってみれば、パワーがある無責任男なんだよね。そこには、世の中のごく普通のサラリーマンの憧れも投影されていたのかもしれないな。

それに対して、「5時から男」はバブル期だからね。いってみれば実体がない一過性の時代。仕事が終わってから、急に元気になる。仕事は適当にして、遊びを一生懸命にやるっていうキャラクターだよね。今から考えれば、バブルに踊らされたともいえる。

それから、２００６年以降にいわれた「適当男」の時代背景は、いわゆる「失われた20年」だよ。一転して、日本がダメになった時代の真っただ中。仕事をしたって、豊かにならない、無駄じゃないかというあきらめが背景にある。

つらい時代、ダメな社会だから、〝力を抜いて気楽に、適当にやろうよ〟という、明るさが、人々に受け入れられた――そう分析するケースが多いね。オレ自身は、何が適当で何が適当でないか、なんてことはあまり意識せずにやっている。

テレビに出て、おカネを稼ぐためにね。

昭和と平成、20世紀と21世紀の違い？

植木さんは、その時代の流行語になったパワーのある言葉をいくつも持っていた。「お呼びでない」、「はい、それまでよ」「なんである、アイデアル」とかね。その言葉が流行らなくなると、本人も消えていくのが一般的だけど、植木さんは消えなかった。

これも聞いた話だけれど、植木さんは人気が出て、おカネがたくさん入るようになった時、「人間はこういうものじゃない。骨を折って、額に汗して働いて生きていくものだ」といったらしい。殊勝な人ですね。

残念ながら、オレにはこういう奇特な考えをいう勇気はない。しかもカネは欲しいタイプ。カネは万能ではないけれど、ないよりあった方がいいから。どうせ仕事をするのなら、カネは儲けようよ、と周りの人にいつもいっている。

これが植木さんと高田の違いであり、20世紀と21世紀の違いかな。

おこがましい、といいながら、植木さんとオレを比較しちゃった。

植木さん、失礼しました！

晩年の植木さんは、渋味のある俳優だった。オレが適当男といわれ始めたころに80歳で亡くなったけど、紫綬褒章や勲四等旭日小綬章をもらっている。日本を代表する喜劇人だったと思うな。

昭和よりも平成の方が、ストレス過多で生きにくい時代ではあるね。その生きにくい社会を、映画の中の植木さんのように、歌でも歌いながらスイスイと泳いでいけたらいいな、と思うよ。

そんなことというと、「お前こそスイスイ泳いでいるじゃないか」なんていわれそうだけどね。

◇

適当について考えてみたけど、残念ながら結論はないね。要するに、このテーマで結論を出せるほど、オレは賢くないってことかな。

ただね、適当とはひとつの生き方であるかもしれないね。いいとか悪いとかの問題ではなくて、オレという人間が、人に笑ってもらうために、あるいは単に生きていくために、どうしても選んでしまう生き方、つまりは、オレの人生そのものなのかもしれない。
だから、これからも、真面目に真剣に、適当男と取り組んでいくよ。よろしくね。
まあ、オレもそのうち死ぬから。そうなれば、適当も無責任もないけどね。

高田純次さんに20の質問

最後に高田さんに20の質問をします。適当男の理解に少しでも役立てば幸いです。余計わからなくなる恐れもありますが（笑）。

（編集部）

1 高田さんの肩書はなんとすればいいでしょうか

「タレント、俳優、社長、宝石鑑定士、デザイナー、詩人、色事師…適当に選んでよ」

2 高田さんにとって、仕事とはなんですか

「明日への活力かな。仕事がないと不安になるからね」

――では、その不安とはなんですか

「仕事の活力かな。不安がないと仕事しないからね」

3 タレント・俳優という仕事の本質をひと言でいってください

「タレントは素の自分をみせる振りをし、俳優はじょうずに嘘をつくこと」

4 笑いとは何ですか

「あなた、この本読んでないの。笑いは裏切りだといってるじゃないの」

――さらに掘り下げて、もうひとことお願いします

「人を笑わせるというよりも、人に笑われたいという姿勢が笑いを生む」

5 高田さんの夢はなんですか

「横尾忠則になること。肉体は高田純次のまま、あとは全部横尾さんになる」

6 同じ分野でこの人はすごい、と思った人はだれですか

「たけしさん。好奇心が旺盛。仕事への熱中度、集中力がすごい」

7 若いころ好きだった歌手はだれですか

「渚ゆう子。なんかエッチな感じがしたもので」

8 男の歌手は

「ボブ・ディラン。そう答えるとかっこいいだろ。本当は三橋美智也」

9 好きな食べ物を教えてください

「ラーメン、お茶漬け、餅。すぐに食べられるものが好きなの」

10 嫌いな食べ物は？　食アレルギーはありますか

「トマト。アレルギーは20代の女性かな。食べるとじんましんがでる」

――女性は食べ物なんですか

「オレにとっては主食のひとつ。時々、食べられちゃうけどね。ふふっ」

11 愛人がいると自ら公言していますが

「都内、名古屋、京都、大阪に計５人。向こうがどう思っているかは知らないけど」

――それは、愛人はいないと考えていいですか

「つまらないこと、いわないの」

12

よく使う口説き文句をふたつ教えてください

「『今晩、抱くよ！』『ちょっと、ちっ入れ（失礼）いたします』

昔、テレビでいったら、プロデューサーが飛ばされたよ。あなたは大丈夫？」

13

高田さんにとって、奥さんはどんな存在ですか

「そんなこと聞くなよ！っていう存在」

――では、ふたりの娘さんはどんな存在でしょうか

「オレが家にいても、まるでいないかのように振る舞う存在」

14

突然、1億円が手に入ったらどうしますか

「全部つぎ込んで、ＢＩＧの6億円くじを買う。6倍になるからね」

――そんなにうまくいきますかね。では6億円当たったらどうします

「5億円でＢＩＧを買って、残りでバンコクへ行く」

――なぜ、バンコクですか

「特に理由はない。どこでもいいよ」

15 10年後の高田さんはどうなっていますか

「今と同じだね。スケベで元気で、くだらない」

16 自分を成功者だと思いますか

「まだわからない。死んだ時の状況での判断だな」

――死んだら判断できないと思いますが

「他人が判断するでしょう。成功者かどうかは、自分が判断することではない」

17 実はおカネ持ちだというウワサがありますが、本当ですか

「今は30億円くらいかな。でも、おカネ持ちは、宝くじは買わないよな」

18 座右の銘、あるいは好きな言葉はなんですか

「コンサートよりインサート」

――能力的に問題はないのですか

「時々、インサートよりコンサートの時がある」

19 自分を総合的に評価するとしたら、何点ですか

「自分で点数はつけられないよ」

――そこをなんとかお願いします

「じゃ、200点かな。満点は300点だけど」

20 最後の質問です。欲しいものをひとつだけあげてください

「もうひとつの人生」

――ありがとうございました。

あとがき

最後まで読んでいただき、ありがとうございました。

やっぱり、ためにならなかったでしょ？　というのは謙遜です。それなりに、ためになったでしょ、っていうと図々しいね。

〝時間の無駄だった、時間を返せ〟なんていわれなければいいんですけどね。

「はじめに」でいったように、オレの本としては比較的真面目な本になっちゃった。それはね、本当はオレが真面目な人間だから。テキトー男なんて嘘だもの——というのも嘘だけどね。嘘に嘘をかぶせると、なんだかわけがわからなくなるよね。

要するに、何が適当で、何が適当でないのか、真面目なのか、不真面目なのか、オレはどういう人間なのか、自分でもよくわかっていない——オレはそういう人間なんだと、わかったでしょ。

だけど、あなたも自分のこと、そんなにわかっていないでしょ？　それでいいのだと思いますよ。オレなんか、いまだに自分探しの旅を続けているからね。自分をいまだにわからないってことは、それだけ可能性がまだ残っていると思えばいいんじゃないのかな。見方を変えると、あんまり賢くないってことだけどね（笑）。自分でわかったこともあるね。オレの記憶がいかにいい加減であるか。いろいろ思い出そうとしたのだけれど、全然思い出せないことが多かった。また、間違って記憶していることもあった。

おふくろの葬式を全然憶えていなかった。よく考えたら、まだ生きていたんだな。いくつになったかもわからなかった。誕生日も知らなかったよ。妹の苗字を思い出せなかったのには、笑ってしまったね。

そんなことで、編集者には、ちょっと迷惑をかけたかな。全然気にしていないけど。

大方のことは書いたけど、書かないこともあった。女性関係は控えたね。多方面にスキャンダルをばらまいてもいけないからな。実は、振られた話は書きたくなかっただけなんだけどね。

また、以前書いた本と重複している部分があるんだけど、勘弁してね。人生がふたつあれば、違うことも書けるんだけど、オレの人生はひとつだから、どうしても同じになっちゃうのよ。でも、オレの自伝的な本としては、この本が集大成になると思うな。

そういえば、腰痛と痔のことは書かなかったな。そうだ。今ここで書いちゃおうか。

腰痛に関してはね、「リリカ嬢」のお世話になっているよ。やさしいリリカちゃんが毎晩、腰を揉んでくれるんだ。だから、一時ひどく悩まされた腰痛は、今はひと休みの状態かな。リリカちゃんと出会えて、ほんとによかった。

実は、リリカというのは薬の名前なんだけどね。「リリカ錠」ね。知ってる？

痔は40代から悩まされている。種類はいぼ痔だね。時々痛くなる。でも手術はしない。だって、すごく痛そうだし、手術すると仕事を休まないといけないから。

テレビの企画で、専門医の先生に痔を診てもらう機会があった。オレの痔を画面に出すと思ったけど、テレビ局はさすがに控えたね。画面いっぱいにオレのいぼ痔――なんて気色良すぎるものね。

先生には、外痔核と内痔核の両方があること。ただし、手術するほどではないので、できるだけ疲れが出ないように心がけること――そういわれた。

だから、働き過ぎないように、ストレスをためないように心がければ、ほかに病気もないし、多分、１００歳までは生きるんじゃないかな。

真面目に、適切に、いい加減なことをいいながら、生涯一タレント・俳優でやっていくよ。元気に、明るく、楽しくね。

ヨボヨボになっても仕事をして、ロケ中にバッタリ倒れて

「高田純次さん、亡くなりました！」

というのが理想かな。死ぬまではピンピンしていて、コロっと死ぬ。ピンコロがいいね。（下半身もそうなればいいね、ご同輩！）

この本を読んでくれたあなたも、いつまでも元気で、明るく、楽しい人生を送ってくださいね。この本で、本当にいいたかったのは、実はそのことなの。

そうなるように、幸運を祈ります。

高田本でまたお会いしましょう。今のところ、出す予定はないけどね。

では、あなたと、お世話になった皆さん、そして、ついでにオレに

ボン・ボヤージュ！

2014年1月

高田純次

賞」受賞。
1988（同63）年＝41歳
12月、「5時から男」で新語・流行語大賞の「流行語部門・大衆賞」受賞。
1989（平成元）年＝42歳
東京乾電池オフィス退団、事務所「テイクワン・オフィス」で独立。
処女作「TOKYO娘と恋におちたい!!」を出版。
1991（同3）年＝44歳
4月25日、父・清次死去、77歳。
1994（同6）年＝47歳
4月、中京テレビ「PS愛してる」のレギュラーに（2001年9月まで）。
1995（同7）年＝48歳
P＆Gの台所洗剤「ジョイ」のCMに起用される。
1996（同8）年＝49歳
10月、11年間レギュラー出演した「元気が出るテレビ」終了。
1998（同10）年＝51歳
4月、「金子柱憲・高田純次ゴルフの王道」スタート（06年9月まで）。
2001（同13）年＝54歳
10月、中京テレビ「PS」スタート（現在も続く）。
2006（同18）年＝59歳
3月、『適当論」を出版。以後、適当男として人気を得る。
2007（同19）年＝60歳
DVD「適当伝説」発売。
この間、適当ものの出版物相次ぐ。
2011（同23）年＝64歳
3月、初の主演映画「ホームカミング」公開。
2012（同24）年＝65歳
BIGくじ、ホンダなど、いくつものCMに起用される。
十津川警部シリーズ（テレビ朝日）の亀井刑事役に起用される。
2013（同25）年＝66歳
三が日のCM出演秒数で1位に。
3D複製で作った高田純次フィギュアが発表される。
2015（同27）年＝68歳
「じゅん散歩」がはじまる。

1969（同 44）年＝ 22 歳
1 月 18 日、祖母・ひろが 93 歳で死去。
この間、日舞の師範・勢子と知り合い同棲、その後入籍。
1972（同 47）年＝ 25 歳
4 月、自由劇場の「マクベス」をみて感動。同研究生に合格。
1973（同 48）年＝ 26 歳
自由劇場を退団。イッセー尾形らと劇団結成も 10 か月で解散。
日本宝石学協会に宝石デザインの勉強に通い始める。
宝石卸会社「トキモト」に入社、サラリーマン生活を始める。
1976（同 51）年＝ 29 歳
9 月 26 日、長女・祐子誕生。
10 月、柄本明らが「東京乾電池」結成。旗揚げ公演に誘われるも参加せず。
1977（同 52）年＝ 30 歳
8 月、「ボルガ」で柄本らと出合い、東京乾電池入団を再度誘われ、心が動く。
9 月 25 日、「トキモト」を退社、「東京乾電池」に参加。
1979（同 54）年＝ 32 歳
「笑点」でコント披露、これがテレビデビュー。
1980（同 55）年＝ 33 歳
フジテレビ「笑ってる場合ですよ！」に乾電池のメンバーとともにレギュラー出演。
1981（同 56）年＝ 34 歳
1 月 26 日、次女・聡美誕生。
1982（同 57）年＝ 35 歳
10 月、フジテレビ「笑っていいとも！」に単独でレギュラー出演。
1985（同 60）年＝ 38 歳
4 月、「天才・たけしの元気が出るテレビ!!」にレギュラー出演。知名度アップ。
1986（同 61）年＝ 39 歳
グロンサンのＣＭ「さんさん 30 代のグロンサン」に起用される。
1987（同 62）年＝ 40 歳
グロンサンのＣＭ「５時から男」に起用される。
12 月、「ノリサメ」で新語・流行語大賞の「新語部門・表現

＜高田純次の主な軌跡＞

（敬称略）

1947（昭和22）年
1月21日、東京都調布市・国領で生まれる。
1951（同26）年＝4歳
1月20日、母（福江）、32歳で病死（肺炎）。
5月、父・清次が美枝と再婚。
1952（同27）年＝5歳
12月15日、妹・君枝が生まれる。
1953（同28）年＝6歳
4月、調布第2小学校に入学。
1954（同29）年＝7歳
調布市の同じ国領に自宅を新築、引っ越す。
1959（同34）年＝12歳
4月、調布第3中学校に入学。
1960（同35）年＝13歳
1月25日、弟・繁夫生まれる。
1962（同37）年＝15歳
4月、都立府中高校入学。
1965（同40）年＝18歳
3月、同高校卒業。大学受験には失敗。
1966（同41）年＝19歳
4月、浪人するも再度受験に失敗。東京デザイナー学院入学（2年間通う）。
この間、横尾忠則に傾倒。ナンパにも励む。
バイクで日本列島縦断を目指すも、途中で断念。
1968（同43）年＝21歳
3月、同デザイナー学院卒業。
この後、印刷会社でアルバイトするなどフリーター的な生活を送る。
友人に頼まれ芝居のポスターなどを作り、次第に芝居に興味を持つ。

＜高田純次の本と関係の出版物＞

『TOKYO 娘と恋におちたい !!』（1989 年 3 月、勁文社）

『多面人格のすすめ　一恥二得で人生を拓く法』（1992 年 8 月、祥伝社）

『高田純次★祭り』（2001 年 3 月、風塵社、著者は山中伊知郎氏）

『人生教典』（2002 年 2 月、河出書房新社）

『適当論』（2006 年 3 月、ソフトバンククリエイティブ、和田秀樹との共著）

『適当手帳』（2006 年 11 月、ソフトバンククリエイティブ）

『適当教典（文庫）』（2007 年 6 月、河出書房新社）

『プリンツ 21』春号　高田純次特集（2007 年、㈱プリンツ 21）

『適当男のカルタ〜純次のことわざブック〜』
（2007 年 11 月、青山出版社）

『適当日記』（2008 年 1 月、ダイヤモンド社）

『人生の言い訳』（2010 年 2 月、廣済堂出版）

『裏切りの流儀』（2010 年 3 月、青山出版社、茂木健一郎との共著）

『適当川柳』（2012 年 8 月、ダイヤモンド社）

『人生の言い訳・文庫』（2012 年 9 月、廣済堂出版）

『秘密主義』（2012 年 9 月、学研パブリッシング）

『男の美学』（2012 年 12 月、文化出版局）

『高田純次のテキトー格言』（2016 年 4 月、KADOKAWA）

※上記の出版物と、「必ず試験に出る柄本明」（ＰＡＲＣＯ出版）、「タモリ論」（新潮新書）を参考にした。

高田純次（たかだ・じゅんじ）

1947年（昭和22年）1月21日、東京・調布市生まれ。タレント・俳優。

都立府中高校を経て、1968年に東京デザイナー学院卒業。1972年、自由劇場の「マクベス」を観て感動、同劇団の研究生に。翌年、イッセー尾形らと劇団結成も、1年足らずで解散。宝石の卸会社に就職、3年半のサラリーマン生活を送る。

1977年、30歳の時に柄本明、ベンガル、綾田俊樹が結成した劇団「東京乾電池」に入団。アルバイトをしながら、演劇活動を続ける。1980年、「笑ってる場合ですよ！」、1982年に「笑っていいとも！」に出演、世に知られる。

1985年に「天才・たけしの元気が出るテレビ!!」でさらに知名度がアップ。1987年、グロンサンのCM「5時から男」でブレイク、一躍有名タレントとなる。

以後、バラエティー番組や、ドラマなどに出演して、「平成の無責任男」、「適当男」といわれ、芸能界で独自のポジションを築く。2015年には「じゅん散歩」開始。

現在もCM、ドラマなどで活躍。特にCMでは「CMの帝王」などといわれるほど、数多くの企業CMに起用されている。

「多面人格のすすめ」「適当論」「適当日記」「裏切りの流儀」「適当川柳」など数多くの著書もあり、また「適当伝説」などのDVDも発売されている。

構成： 山本泰夫
協力： 株式会社テイクワン・オフィス
写真撮影： 産経新聞写真報道局
CM写真提供： ライオン株式会社
装 丁： 伏見さつき
DTP： 佐藤敦子

単行本　平成26年3月「高田純次のチンケな自伝」改題　産経新聞出版刊

産経NF文庫

自伝 高田純次

二〇二〇年五月二十四日 第一刷発行

著 者 高田純次

発行者 皆川豪志

発行・発売 株式会社 潮書房光人新社

〒100-8077 東京都千代田区大手町一-七-二

電話/〇三-六二八一-九八九一(代)

印刷・製本 凸版印刷株式会社

定価はカバーに表示してあります

乱丁・落丁のものはお取りかえ致します。本文は中性紙を使用

ISBN978-4-7698-7023-4 C0195

http://www.kojinsha.co.jp

産経NF文庫の既刊本

中国人の少数民族根絶計画

楊 海英

香港では習近平政権に対する大きな抗議活動が続き、「改造」政策に対する懸念が広がる。さらに内モンゴル、チベット、ウイグルへの中国の少数民族弾圧は凄まじさを呈している。内モンゴルに生まれ、中国籍を拒絶した文化人類学者が中国新植民地政策に対して警告する。

定価〈本体830円＋税〉 ISBN978-4-7698-7019-7

朝鮮大学校研究

産経新聞取材班

幼・保・高校無償化なんて、トンデもない！　金正恩の真意とは。もはや、わが子を通わせたくない――朝鮮大学校OB、総連関係者が赤裸々な心情を語る。今だから知りたい、在日コリアンのためは二の次、民族教育の皮を被った工作活動、日本を「敵」と呼ぶ教えとは。

定価〈本体800円＋税〉 ISBN978-4-7698-7018-0

産経NF文庫の既刊本

旧制高校物語　真のエリートのつくり方　喜多由浩

私利私欲なく公に奉仕する心、寮で培った教養と自治の精神……。中曽根康弘元首相、ノーベル物理学賞受賞の小柴昌俊博士、作家の三浦朱門氏など多くの卒業生たちが旧制高校の神髄を語る。その教育や精神を辿ると、現代の日本が直面する課題を解くヒントが見えてくる。

定価〈本体820円＋税〉　ISBN978-4-7698-7017-3

神話のなかのヒメたち　イザナミノミコト、天照大御神から飯豊王まで　産経新聞取材班

古事記・日本書紀には神や王を支える女神・女性が数多く登場する。記紀では彼女たちの支援や献身なしには、英雄たちの活躍はなかったことを描き、その存在感は神話時代から天皇の御世になっても変わりなく続く。「女ならでは」の視点で神話・古代史を読み解く。

定価〈本体810円＋税〉　ISBN978-4-7698-7016-6

日本人なら知っておきたい英雄ヤマトタケル　産経新聞取材班

古代天皇時代、九州や東国の反乱者たちを制し、大和への帰還目前に非業の死を遂げた英雄ヤマトタケル。神武天皇から受け継いだ日本の「国固め」に捧げた生涯を南は鹿児島から北は岩手まで、日本各地を巡り、地元の伝承を集め、郷土史家の話に耳を傾けて綴る。

定価〈本体810円＋税〉　ISBN 978-4-7698-7015-9

産経NF文庫の既刊本

教科書が教えない 楠木正成
産経新聞取材班

明治の小学生が模範とした人物第一位——天皇の求心力と権威の下で実務に長けた武士が国政を取る「日本」を夢見て、そのために粉骨砕身働いたのが正成という武将だった。戦後、墨塗りされ、教科書から消えた正成。その無私の心とは。日本が失った「滅私奉公」を発掘する。

定価〈本体900円+税〉 ISBN 978-4-7698-7014-2

来日外国人が驚いた 日本絶賛語録
ザビエルからライシャワーまで
村岡正明

日本人は昔から素晴らしかった！ザビエル、クラーク博士、ライシャワーら、そうそうたる顔ぶれが登場。彼らが来日して驚いたという日本の職人技、自然美、治安の良さ、和風の暮らしなど、文献をもとに紹介する。日本人の心を誇りと自信で満たす一〇二の歴史証言集。

定価〈本体760円+税〉 ISBN978-4-7698-7013-5

「令和」を生きる人に知ってほしい 日本の「戦後」
皿木喜久

なぜ平成の子供たちに知らせなかったのか……GHQの占領政策、東京裁判、「米国製」憲法、日米安保——これまで戦勝国による歴史観の押しつけから目をそむけてこなかったか。「敗戦国」のくびきから真に解き放たれるために「戦後」を清算、歴史的事実に真正面から向き合う。

定価〈本体790円+税〉 ISBN978-4-7698-7012-8

産経NF文庫の既刊本

子供たちに伝えたい 日本の戦争 1894～1945年
あのとき なぜ戦ったのか
皿木喜久

あなたは知っていますか？子や孫に教えられますか？日本が戦った本当の理由を。日清、日露、米英との戦い…日本は自国を守るために必死に戦った。自国を貶める史観を離れ、「日本の戦争」を真摯に、公平に見ることが大切です。本書はその一助になる〝教科書〟です。

定価〈本体810円＋税〉 ISBN978-4-7698-7011-1

全体主義と闘った男 河合栄治郎
湯浅 博

自由の気概をもって生き、右にも左にも怯まなかった日本人がいた！河合は戦前、マルクス主義の痛烈な批判者であり、軍部が台頭すると、ファシズムを果敢に批判。河合人脈は戦後、論壇を牛耳る進歩的文化人と対峙する。安倍首相がSNSで紹介、購入した一冊！。

定価〈本体860円＋税〉 ISBN978-4-7698-7010-4

日本に自衛隊がいてよかった
自衛隊の東日本大震災
桜林美佐

誰かのために―平成23年3月11日、日本を襲った未曾有の大震災。被災地に入った著者が見たものは、甚大な被害の模様とすべてをなげうって救助活動にあたる自衛隊員の姿だった。自分たちでなんでもこなす頼もしい集団の闘いの記録、みんな泣いた自衛隊ノンフィクション。

定価〈本体760円＋税〉 ISBN978-4-7698-7009-8

産経NF文庫の既刊本

神武天皇はたしかに存在した
神話と伝承を訪ねて

産経新聞取材班

（神武東征という）長旅があって初めて、天照大御神の孫のニニギノミコトを地上界での祖とする皇室は大和に至り、天皇と名乗って「天の下治らしめしき」ことができたのである。東征は、皇室制度のある現代日本を生んだ偉業、そう言っても過言ではない。（序章より）

定価〈本体810円＋税〉 ISBN978-4-7698-7008-1

中国人が死んでも認めない 捏造だらけの中国史

黄 文雄

真実を知れば、日本人はもう騙されない！中国の歴史とは巨大な嘘！中華文明の歴史が嘘をつくり、その嘘がまた歴史をつくる無限のループこそが、中国の主張する「中国史の正体」なのである。だから、一つ嘘を認めれば、歴史を誇る「中国」は足もとから崩れることになる。

定価〈本体800円＋税〉 ISBN978-4-7698-7007-4

金正日秘録 なぜ正恩体制は崩壊しないのか

龍谷大学教授 李 相哲

米朝首脳会談後、盤石ぶりを誇示する金正恩。正恩の父、正日はいかに権力基盤を築き、三代目へ権力を譲ったのか。北朝鮮研究の第一人者が機密文書など600点に及ぶ文献や独自インタビューから初めて浮かびあがらせた、2代目独裁者の「特異な人格」と世襲王朝の実像！

定価〈本体900円＋税〉 ISBN978-4-7698-7006-7

産経NF文庫の既刊本

日本が戦ってくれて感謝しています2
あの戦争で日本人が尊敬された理由

井上和彦

第1次大戦、戦勝100年「マルタ」における日英同盟を序章に、読者から要望が押し寄せたインドネシア――あの戦争の大義そのものを3章にわたって収録。日本人は、なぜ熱狂的に迎えられたか。歴史認識を辿る旅の完結編。15万部突破ベストセラー文庫化第2弾。

定価〈本体820円+税〉 ISBN978-4-7698-7002-9

日本が戦ってくれて感謝しています
アジアが賞賛する日本とあの戦争

井上和彦

インド、マレーシア、フィリピン、パラオ、台湾……日本軍は、私たちの祖先は激戦の中で何を残したか。金田一春彦氏が生前に感激して絶賛した「歴史認識」を辿る旅――涙が止まらない！感涙の声が続々と寄せられた15万部突破のベストセラーがついに文庫化。

定価〈本体860円+税〉 ISBN978-4-7698-7001-2